PETITE
HISTOIRE ANCIENNE

POUR LE PREMIER AGE

Par G. BELEZE

ANCIEN CHEF D'INSTITUTION A PARIS.

QUATRIÈME ÉDITION.

PARIS.

IMPRIMERIE ET LIBRAIRIE CLASSIQUES

De JULES DELALAIN et FILS

RUE DES ÉCOLES, VIS-A-VIS DE LA SORBONNE.

PETIT COURS

D'ENSEIGNEMENT ÉLÉMENTAIRE.

PETITE HISTOIRE ANCIENNE.

COURS D'ENSEIGNEMENT ÉLÉMENTAIRE

Par G. Beleze, ancien chef d'institution à Paris.

L'Histoire Sainte a été approuvée par quarante de NNgrs les archevêques et évêques. La plupart des volumes ont été approuvés par le conseil de l'instruction publique ou recommandés par les conseils académiques.

Chaque volume in-18, de 360 pages, cart. 1 fr. 50 c.

Livre de Lecture courante, contenant des conseils sur les devoirs des enfants, avec exemples historiques; in-18.

Exercices de Mémoire et de Style, recueil de morceaux choisis en vers et en prose; in-18.

Grammaire Française, suivant les principes de l'Académie; in-18.

Exercices Français, gradués sur la Grammaire; in-18.

Dictées et Lectures ou Notions élémentaires sur l'industrie, l'agriculture, les arts, etc.; in-18.

Petit Dictionnaire de la Langue française; in-18.

Le même, suivi d'un Dictionnaire géographique et historique; in-18, 2 fr.

Éléments de Littérature, mis à la portée des enfants; in-18.

La Géographie mise à la portée des enfants; in-18, avec cartes.

Atlas élémentaire de Géographie moderne (dix cartes); in-4°, 2 f.50 c.

L'Histoire Sainte mise à la portée des enfants; in-18, carte.

L'Histoire de France mise à la portée des enfants; in-18, carte.

L'Histoire d'Angleterre mise à la portée des enfants; in-18, carte.

L'Histoire Ancienne mise à la portée des enfants; in-18, carte.

L'Histoire Romaine mise à la portée des enfants; in-18, carte.

L'Histoire du Moyen Age mise à la portée des enfants; in-18, carte.

L'Histoire Moderne mise à la portée des enfants; in-18, carte.

La Mythologie mise à la portée des enfants; in-18, gravures.

L'Arithmétique mise à la portée des enfants; in-18, gravures.

La Physique et la Chimie mises à la portée des enfants; in-18, gravures.

L'Histoire Naturelle mise à la portée des enfants; in-18, gravures.

La Cosmographie mise à la portée des enfants; in-18, gravures.

Un abrégé de ce Cours a été publié pour le premier âge.

Chaque volume in-18, de 180 pages, cart. 75 c.

Syllabaire et Premières Lectures; in-18.

Le Syllabaire, seul, 10 c.

Tableaux de Lecture; in-fol., 1 f.25 c.

Méthode d'Écriture; in-4°, 75 c.

Premiers Exercices de Récitation; in-18.

Petite Grammaire Française, avec exercices; in-18.

Petite Arithmétique; in-18, gravures.

Petite Géographie Moderne; in-18, cartes.

Petit Atlas de Géographie moderne (huit cartes); grand in-18, 90 c.

Petite Histoire Sainte; in-18, gravures historiques et carte.

Petite Histoire Ecclésiastique; in-18, carte.

Petite Histoire de France; in-18, portraits historiques et carte.

Petite Histoire Ancienne; in-18.

Petite Histoire Romaine; in-18.

Petite Histoire du Moyen Age; in-18.

Petite Histoire Moderne; in-18.

PETITE

HISTOIRE ANCIENNE

POUR LE PREMIER AGE

Par G. BELEZE

ANCIEN CHEF D'INSTITUTION A PARIS.

QUATRIÈME ÉDITION.

PARIS.

IMPRIMERIE ET LIBRAIRIE CLASSIQUES

De JULES DELALAIN et FILS

RUE DES ÉCOLES VIS-A-VIS DE LA SORBONNE.

AVANT-PROPOS.

Ce petit cours d'histoire ancienne est divisé en un certain nombre de chapitres à peu près d'égale longueur, et chaque chapitre est divisé lui-même en trois parties offrant chacune un petit récit complet. Les questionnaires placés au bas des pages permettent facilement d'interroger les élèves et de s'assurer qu'ils ont retenu et bien compris ce qu'ils ont lu. Voici comment on peut procéder pour que les enfants étudient avec fruit ce volume. Tous les élèves d'une même classe ayant le livre entre leurs mains, chacun lit à son tour un paragraphe du chapitre qui fait l'objet de la leçon. Cette lecture terminée, on la recommence de la même manière. Puis vient l'interrogation faite à l'aide du questionnaire, le maître s'adressant tantôt à un élève, tantôt à un autre. Ces deux exercices, répétés deux fois, sont suivis d'un troisième exercice pour les élèves que le maître juge capables de ce travail : nous voulons parler de la rédaction, exercice auquel on ne saurait habituer trop tôt les élèves. Ce mode d'enseignement, si facile à mettre en pratique, soit dans les écoles, soit dans les familles, a beaucoup d'attrait pour les enfants, dont l'intelligence et la mémoire se développent graduellement par ces divers exercices appropriés à leur âge et à leurs facultés.

TABLE DES MATIÈRES.

HISTOIRE DES JUIFS.

Chapitre I. — Création du monde. Déluge universel. — Dispersion des hommes. — Les Israélites en Égypte. Conquête de la terre promise.　　1

Chap. II. — Les juges. Les rois. — Schisme des tribus. Royaume d'Israël. Royaume de Juda. — Captivité de Babylone.　　7

Chap. III. — Fin de la captivité. Les souverains pontifes. — La Judée sous les rois d'Égypte et de Syrie. — Hérode. Naissance de Jésus-Christ.　　13

HISTOIRE DES ASSYRIENS.

Chap. IV. — Fondation de Babylone et de Ninive. — Premier empire assyrien. — Fin du premier empire assyrien.　　18

Chap. V. — Deuxième empire assyrien. — Réunion du royaume de Babylone à celui de Ninive. — Sarac, dernier roi de Ninive. — Ruine de cette ville.　　23

HISTOIRE DES BABYLONIENS.

Chap. VI. — Empire babylonien. — Balthazar. Prédictions de Daniel. — Prise de Babylone par Cyrus.　　28

HISTOIRE DES ÉGYPTIENS.

Chap. VII. — L'Égypte et le Nil. — Premiers habitants de l'Égypte. — Conquérants étrangers.　　34

Chap. VIII. — Conquêtes de Sésostris. — Ses travaux et ses monuments.　　39

Chap. IX. — Successeurs de Sésostris. — Invasion des Éthiopiens. — Les douze rois.　　42

Chap. X. — Néchao. — L'Égypte sous la domination des Perses et des successeurs d'Alexandre le Grand.　　48

CHAP. XI. — Gouvernement de l'Égypte. — Divinités égyptiennes. — Arts et sciences. Monuments.   53

HISTOIRE DES MÈDES ET DES PERSES.

CHAP. XII. — Les Mèdes et la Médie. — Fondation d'Ecbatane. — Les Scythes.   59

CHAP. XIII. — Astyage. — Cyrus maître de l'empire.   64

CHAP. XIV. — Récit de Xénophon sur l'enfance de Cyrus. — Conquêtes de Cyrus. Sa mort.   68

CHAP. XV. — Cambyse. — Cruautés de ce prince.   74

CHAP. XVI. — Smerdis le mage. Mort de Cambyse. — Darius proclamé roi.   79

CHAP. XVII. — Dévouement de Zopire. — Expédition contre les Scythes. — Origine des guerres médiques.   83

HISTOIRE DES PHÉNICIENS.

CHAP. XVIII. — La Phénicie. — Siége de Tyr par Alexandre le Grand. — Colonies phéniciennes. Industrie et commerce.   88

HISTOIRE DES CARTHAGINOIS.

CHAP. XIX. — Fondation de Carthage. — Les Carthaginois et Pyrrhus en Sicile.   93

HISTOIRE DES GRECS.

CHAP. XX. — La Grèce. — Les Pélasges et les Hellènes. Colonies étrangères.   98

CHAP. XXI. — Temps héroïques. — Expédition des Argonautes. — Guerre de Thèbes. — Guerre de Troie.   102

CHAP. XXII. — Fin des temps héroïques. Invasion des Doriens dans le Péloponèse. Colonies grecques en Asie Mineure. — Les Spartiates. — Lycurgue. Olympiades.   109

CHAP. XXIII. — Guerres de Messénie.   114

CHAP. XXIV. — Athènes. Dracon: Solon. — Pisistrate. — Hipparque et Hippias. Ostracisme.   119

Chap. XXV. — Première guerre médique. Révolte de l'Ionie. — Bataille de Marathon. — Miltiade.   125

Chap. XXVI. — Aristide et Thémistocle. — Seconde guerre médique. Xerxès. — Léonidas aux Thermopyles.   130

Chap. XXVII. — Ruine d'Athènes. Thémistocle.— Batailles de Salamine, de Platée et de Mycale.   135

Chap. XXVIII. — Administration de Thémistocle. — Pausanias; Aristide; Cimon.   140

Chap. XXIX. — Périclès. — Guerre du Péloponèse. Peste d'Athènes. — Disgrâce de Périclès; sa mort.   145

Chap. XXX. — Successeurs de Périclès. — Alcibiade. Expédition de Sicile. — Rappel d'Alcibiade. Prise d'Athènes. Fin de la guerre du Péloponèse.   150

Chap. XXXI. — Les trente tyrans. Socrate. — Cyrus le Jeune. Retraite des Dix mille. Xénophon. — Agésilas en Asie. Bataille de Coronée. Traité d'Antalcidas.   156

Chap. XXXII. — Prise de la citadelle de Thèbes par les Lacédémoniens. Pélopidas et Épaminondas. Batailles de Leuctres et de Mantinée.   161

Chap. XXXIII. — La Macédoine. Philippe roi. — Guerre sacrée. Intervention de Philippe en Grèce. Démosthène. — Bataille de Chéronée. Préparatifs de Philippe contre les Perses.   167

Chap. XXXIV. — Alexandre le Grand. Destruction de Thèbes. — Guerre contre les Perses. Passage du Granique. — Batailles d'Issus et d'Arbelles.   172

Chap. XXXV. — Expédition dans l'Inde. — Alexandre à Babylone. Sa mort.   177

Chap. XXXVI. — Démembrement de l'empire d'Alexandre. Soulèvement de la Grèce. Mort de Démosthène. — Phocion; sa mort. — Invasion des Gaulois en Grèce. — Ligue achéenne. Aratus.   181

Chap. XXXVII. — Situation de Sparte. Agis; Cléomène. — Philippe III, roi de Macédoine. Flaminius en Grèce. Philopœmen; sa mort. — Persée; sa défaite. — La Macédoine et la Grèce réduites en provinces romaines.   186

Chap. XXXVIII. — Religion des Grecs. — Lettres, sciences, beaux-arts.   191

PETITE
HISTOIRE ANCIENNE.

CHAPITRE PREMIER.

Histoire des Juifs.

Création du monde (4004 av. J. C.). Adam et Ève. Déluge uni-
versel. — Tour de Babel. Dispersion des hommes. Abraham ;
Jacob ; Joseph. — Les Israélites en Égypte. Moïse ; Josué.
Conquête de la terre promise.

**1. Création du monde. Adam et Ève. Déluge
universel.** — Dieu, dit la Genèse[1], créa le monde
en six jours et peupla la terre d'animaux de
toute espèce. Il fit l'homme à son image et res-
semblance, le nomma Adam, et lui donna pour
compagne Ève, la mère du genre humain. Adam
et Ève furent placés dans le paradis, jardin déli-
cieux, où ils auraient vécu heureux et immortels,
s'ils étaient restés soumis au Créateur. Ève, sé-
duite par les promesses trompeuses du démon,
qui avait pris la forme du serpent, entraîna

QUESTIONS. — 1. En combien de jours Dieu créa-t-il le
monde ? — Dans quel lieu Adam et Ève furent-ils placés ?

1. La Genèse, qui fait partie de l'Ancien Testament, est le
premier des livres écrits par Moïse.

Adam à la désobéissance. Chassés du paradis, ils furent condamnés, ainsi que toute leur postérité, au travail, à la douleur et à la mort. Mais en même temps Dieu leur promit que de la femme naîtrait un Sauveur qui rachèterait le genre humain de l'esclavage du péché.

Les premiers enfants d'Adam et d'Ève furent Caïn et Abel. Caïn, jaloux de son frère, le tua. Poursuivi par la malédiction divine et par ses remords, il s'enfuit, et, après avoir erré longtemps sur la terre, il bâtit une ville qu'il nomma Hénoch, du nom d'un de ses fils : ses descendants furent aussi méchants que lui. Le troisième fils d'Adam fut Seth, dont la postérité resta fidèle à Dieu. On compte avant le déluge dix patriarches ou chefs de famille : Adam, Seth, Énos, Caïnan, Malaléel, Jared, Hénoch, Mathusalem, celui des patriarches à qui Dieu accorda la plus longue vie, Lamech et Noé.

Les descendants de Seth, que l'Écriture sainte appelle les *enfants de Dieu*, ayant contracté des alliances avec les descendants de Caïn, désignés sous le nom d'*enfants des hommes*, les méchants pervertirent les bons. La corruption devint bientôt générale, et Dieu, justement irrité, résolut de faire périr le genre humain par un déluge universel (2348 av. J. C.). Noé seul, qui avait conservé la foi de ses pères, trouva grâce devant le Seigneur, qui lui ordonna de construire une

— Comment furent-ils entraînés à la désobéissance ? — Quelle fut leur punition ? — Quels furent les enfants d'Adam et d'Eve ? — Nommez les patriarches. — Comment le

arche dont il lui indiqua les dimensions. Noé étant entré dans l'arche avec sa famille et un couple de tous les animaux, les eaux du ciel tombèrent pendant quarante jours et quarante nuits et, s'élevant au-dessus des plus hautes montagnes, inondèrent la terre entière, de sorte que toutes les créatures vivantes périrent, excepté celles qui étaient renfermées dans l'arche. Sept mois après, les eaux s'étant retirées, Noé sortit de l'arche et offrit à Dieu un sacrifice d'actions de grâce : le Seigneur agréa son offrande et lui promit que la terre ne serait plus submergée.

2. Tour de Babel. Dispersion des hommes. Fondation des premiers empires. — La postérité des fils [1] de Noé s'étant rapidement multipliée, les familles devinrent trop nombreuses pour demeurer plus longtemps ensemble. Avant de se séparer, les hommes se réunirent dans les plaines de Sennaar, entre le Tigre et l'Euphrate, et commencèrent à bâtir une tour qu'ils voulaient élever jusqu'au ciel. Mais Dieu, pour punir leur orgueil, confondit leur langage, de sorte qu'ils ne s'entendaient plus les uns les autres. Et cette tour, restée inachevée, fut appelée *Babel*, c'est-à-dire *confusion*, à cause de la confusion des langues qui s'y était opérée. Les hommes, forcés ainsi de se séparer, allèrent s'établir dans les différentes par-

genre humain fut-il puni de sa perversité ? — 2. Quel projet conçurent les hommes avant de se séparer ? — Comment Dieu punit-il leur orgueil ? — Quel homme fut choisi de

1. Les fils de Noé étaient Sem, Cham et Japhet.

ties de la terre [1], et de cette époque date la fondation des premiers empires [2].

Cependant les hommes, oubliant de jour en jour leur Créateur, multipliaient les fausses divinités, auxquelles ils rendaient un culte sacrilége. Dieu, pour arrêter les progrès d'un si grand mal, résolut de former un peuple élu, destiné à perpétuer son culte. Il choisit Abraham pour être le père de ce peuple (1921 av. J. C.); il lui ordonna de quitter la Chaldée, où il était né, et d'aller habiter le pays de Chanaan, lui promettant de multiplier sa postérité comme les étoiles du ciel et de bénir en lui toutes les nations.

Isaac, fils d'Abraham, imita la foi et la simplicité pastorale de son père. Il eut deux fils, Ésaü et Jacob. Ésaü ayant vendu son droit d'aînesse à Jacob, celui-ci devint l'héritier des promesses que Dieu avait faites à Abraham, et c'est de lui que naquirent les douze patriarches, chefs des douze tribus d'Israël. Les fils de Jacob, jaloux de leur frère Joseph, le vendirent à des marchands madianites qui l'emmenèrent en Égypte, où sa merveilleuse sagesse l'éleva bientôt aux plus grands honneurs. Le roi ou pharaon [3], dont il avait ex-

Dieu pour être le père du peuple élu? — Quelles pro-

1. Les descendants de Japhet restèrent dans l'Asie septentrionale, et se répandirent aussi dans l'Asie occidentale et en Europe. La postérité de Sem occupa l'Asie centrale, et c'est d'elle que sortit le peuple d'Israël, ainsi que tous les peuples d'Orient. La famille de Cham peupla l'Afrique, et fut la tige des Égyptiens et des Phéniciens.

2. Voir le chap. IV, Histoire des Assyriens.

3. Ce nom de *pharaon* est un titre que l'Écriture sainte donne à tous les rois d'Égypte.

pliqué les songes prophétiques, le choisit pour son premier ministre et lui confia le gouvernement de l'Egypte. Grâce aux précautions qu'il avait prises pendant sept années d'abondance, Joseph sauva ce pays de la famine pendant les sept années de disette qui suivirent. Ses frères étant venus en Egypte pour y acheter du blé, Joseph se fit reconnaître par eux et appela auprès de lui son vieux père avec toute sa famille.

3. Les Israélites en Égypte. Moïse; Josué. Conquête de la terre promise. — Les descendants de Jacob, nommés Israélites ou Hébreux [1], étaient devenus en peu de temps un grand peuple. Le roi qui régnait alors en Egypte et qui n'avait pas connu Joseph, voyant avec crainte leur accroissement, les soumit aux travaux les plus pénibles, et bientôt, plus cruel encore, il ordonna de jeter dans le Nil tous les enfants mâles qui leur naîtraient. Moïse, destiné à périr comme les autres, fut sauvé des eaux par la fille du pharaon, et, quand le temps fut venu, Dieu lui ordonna de tirer son peuple de la servitude. Pour convaincre le pharaon de sa mission divine et triompher de l'obstination de ce prince endurci, Moïse opéra les

messes lui furent faites? — Quels furent les fils d'Isaac? — Racontez l'histoire de Joseph. — 3. Pourquoi les Israélites furent-ils persécutés en Egypte? — Comment Moïse échappa-t-il à la mort? — Que fit-il pour vaincre l'obstination du roi d'Egypte?—Quel miracle Dieu opérat-il pour protéger la fuite des Israélites? — Où Dieu

1. *Israélites*, du mot *Israël*, nom qui fut donné à Jacob après sa lutte avec un ange; *Hébreux*, du nom d'Héber, patriarche, un des ancêtres d'Abraham.

miracles les plus éclatants et frappa le royaume de dix fléaux appelés les *dix plaies* d'Égypte. Le pharaon, épouvanté, ne s'opposa plus au départ des Israélites. A peine étaient-ils arrivés sur les bords de la mer Rouge, qui s'ouvrit pour leur livrer passage, que le roi, se repentant de les avoir laissés partir, se mit à leur poursuite et s'engagea dans la mer après eux ; mais les eaux, n'étant plus soutenues par la main de Dieu, se refermèrent et l'engloutirent avec toute son armée (1494 av. J. C.).

Ainsi miraculeusement délivrés, les Israélites, sous la conduite de Moïse, entrèrent dans le désert, où Dieu leur donna sa loi sur le mont Sinaï, au milieu des tonnerres et des éclairs. Souvent révoltés et idolâtres, mais toujours ramenés au culte de Dieu par des châtiments et des miracles, ils furent condamnés à errer dans le désert pendant quarante ans. Moïse lui-même, qui un jour avait manqué de foi et de soumission, ne fut pas jugé digne d'entrer dans la terre promise. Il mourut à l'âge de cent vingt ans. Josué, successeur de Moïse, et soutenu comme lui par la main de Dieu, passa le Jourdain à pied sec, fit tomber au son des trompettes les murs de Jéricho, vainquit tous les peuples qu'il eut à combattre et acheva la conquête de la terre promise, qui fut partagée entre les douze tribus (1451 av. J. C.). Il plaça l'arche sainte à Silo, dans la tribu d'Éphraïm.

donna-t-il sa loi à son peuple? — Pourquoi et pendant combien de temps les Israélites furent-ils condamnés à errer dans le désert? — Par qui fut achevée la conquête de la terre promise?

CHAPITRE II.

Les juges. Les rois : Saül; David; Salomon. — Schisme des tribus. Royaume d'Israël : ses rois. — Royaume de Juda : ses rois. Captivité de Babylone.

4. Les juges. Les rois : Saül; David; Salomon. — Après la mort de Josué, les Israélites furent gouvernés d'abord par les anciens de chaque tribu, puis par des magistrats appelés *juges*. Ce peuple ingrat tomba souvent dans l'idolâtrie, et Dieu, pour le punir, le livra aux Philistins, aux Amalécites et autres peuples infidèles qui le réduisirent en servitude. Lorsqu'il avait expié son crime par la pénitence, Dieu lui suscitait un libérateur. Parmi les juges qui délivrèrent les Israélites du joug des peuples étrangers, les plus célèbres furent Gédéon, Jephté, Samson, qui était doué d'une force de corps prodigieuse, et le prophète Samuel, qui pendant vingt ans exerça la judicature avec une grande sagesse.

Cependant les Israélites s'étant lassés de cette forme de gouvernement et ayant demandé un roi, Samuel, d'après l'ordre de Dieu, choisit Saül, de la tribu de Benjamin, et le consacra avec l'huile sainte (1095 av. J. C.). Saül fut quelque temps fidèle au Seigneur, qui le fit triompher de ses

QUESTIONS. — 4. Par qui les Israélites furent-ils gouvernés après Josué? — Quelle demande adressèrent-ils à Samuel? — Qui fut consacré roi? — Pourquoi Saül fut-il

ennemis. Mais bientôt son orgueil et sa désobéissance le firent rejeter de Dieu; un jeune berger,
nommé David, de la tribu de Juda, fut élu à sa
place et consacré secrètement par Samuel. Les
Philistins étant venus attaquer les Israélites,
David, dans un combat singulier, tua le géant
Goliath; il défit plusieurs fois les ennemis, et
eut le bonheur d'échapper aux embûches de
Saül jaloux de sa gloire.

Après la mort de Saül, David, reconnu roi
d'Israël, reprit sur les Philistins l'arche sainte
et la fit transporter à Sion, citadelle de Jérusalem. Il conçut aussi le dessein d'élever un temple à la gloire de Dieu; mais le Seigneur lui fit
annoncer par le prophète Nathan que cet honneur était réservé au fils qui régnerait après lui.
Vainqueur des Moabites, des Syriens et des
Iduméens, David étendit sa domination de la
Méditerranée à l'Euphrate, et mourut après un
règne de quarante ans[1].

A ce roi guerrier succéda Salomon, son fils,
prince pacifique (1015 av. J. C.). Dieu lui apparut
en songe et lui promit de lui accorder ce qu'il
désirait le plus; Salomon demanda la sagesse,
et Dieu lui donna en outre les richesses et la
gloire, qu'il n'avait point demandées.

Salomon acheva en sept ans le temple que

rejeté de Dieu? — Par qui fut-il remplacé? — Racontez
le règne de David et celui de son fils Salomon. —

1. Dans les *cantiques* ou psaumes qu'il a composés, le roi
David annonce clairement la venue, les souffrances et la mort
du Sauveur.

son père David avait eu la pensée d'élever au Seigneur. Il y employa les plus habiles ouvriers venus de Tyr et les matériaux les plus précieux, que ses flottes allaient chercher à Ophir et à Tarsis. Il construisit aussi de magnifiques palais, et la renommée de sa puissance et de sa sagesse se répandit jusque dans les contrées les plus éloignées. Cependant, cette sagesse si vantée ne résista pas à l'enivrement d'une prospérité continuelle, et le règne de Salomon finit par de honteuses faiblesses. Dieu, justement irrité, l'épargna en mémoire de David; mais il lui annonça, par la bouche du prophète Abias, que son royaume serait divisé après sa mort.

5. Schisme des tribus. Royaume d'Israël : ses rois. — A peine monté sur le trône, Roboam, fils de Salomon, traita son peuple avec une dureté si cruelle que dix tribus se révoltèrent contre lui, choisirent pour roi Jéroboam et formèrent le royaume d'Israël. Deux tribus seulement, celles de Juda et de Benjamin, restées soumises à Roboam, formèrent le royaume de Juda [1].

Jéroboam, infidèle à son roi, fut aussi infidèle à Dieu. Il défendit à ses sujets d'aller offrir leurs sacrifices à Jérusalem, et il érigea des veaux d'or, auxquels il donna le nom de dieux

5. Pourquoi dix tribus se révoltèrent-elles contre Roboam ? — Quels sont les deux royaumes qui se formèrent

1. Le siége du royaume de Juda resta fixé à Jérusalem. Thersa fut la capitale du royaume d'Israël jusqu'à la fondation de Samarie.

d'Israël. Ses successeurs imitèrent presque tous son impiété.

Achab, fils d'Amri[1], épousa Jézabel, fille du roi de Tyr. Par les conseils de cette princesse, ambitieuse et cruelle, il introduisit dans ses États le culte de Baal et des autres divinités phéniciennes, et il fit tuer Naboth, dont il convoitait l'héritage ; il périt lui-même misérablement[2]. Ochosias, fils d'Achab, persécuta le prophète Élisée. Jéhu, usurpateur du trône, fit précipiter du haut d'une tour et fouler aux pieds des chevaux l'impie Jézabel. Joas et son fils Jéroboam II remportèrent de grandes victoires sur les Syriens, mais leurs successeurs ne se signalèrent que par leurs désordres et leurs cruautés. Osée fut le dernier roi d'Israël; Salmanasar, roi d'Assyrie, le vainquit et détruisit son royaume. Les dix tribus qui le formaient, transportées à Ninive, se confondirent parmi les nations idolâtres (727 av. J. C.). Au nombre des Israélites emmenés en captivité par Salmanasar se trouvait Tobie, dont l'histoire touchante, ainsi que celle de son fils, est racontée dans les livres saints.

6. Royaume de Juda : ses rois. Captivité de Babylone. — Le royaume de Juda, comme le

alors? — Nommez quelques-uns des princes qui régnèrent sur le royaume d'Israël. — Par qui ce royaume fut-il détruit? — Que devinrent les dix tribus qui le formaient? — 6. Quels sont les rois de Juda qui restè-

1. Amri bâtit la ville de Samarie, qui devint la capitale du royaume d'Israël.
2. Sous le règne d'Achab parut le prophète Élie.

royaume d'Israël, abandonna trop souvent le culte de Dieu, et ses infidélités ne furent pas moins sévèrement punies. Ainsi Roboam ayant, par ses mauvais exemples, entraîné tout son peuple à l'impiété, ces désordres attirèrent la vengeance divine : Sésac, roi d'Égypte, entra dans Jérusalem et pilla la ville et le temple. Asa détruisit les idoles, observa la loi de Dieu, et eut pour successeur son fils Josaphat, prince pieux qui marcha sur les traces du saint roi David, fit fleurir la justice et triompha des Ammonites et des Moabites. Joram, fils de Josaphat, aussi impie que le roi d'Israël Achab, dont il avait épousé la fille Athalie, se souilla du meurtre de ses frères et périt misérablement. Son fils Ochosias ayant eu le même sort, Athalie, pour conserver la couronne, fit mettre à mort ses petits-fils, enfants d'Ochosias. Un seul, Joas, miraculeusement échappé à ce massacre, fut secrètement élevé dans le temple par le grand-prêtre Joïada, et proclamé roi lorsqu'il eut atteint l'âge de sept ans. Joas observa d'abord fidèlement la loi de Dieu ; mais ensuite il tomba dans l'idolâtrie, se montra cruel, et il périt assassiné.

La plupart des successeurs de Joas l'imitèrent dans ses désordres. Achaz, le plus méchant de ces princes, eut pour fils et successeur Ézéchias, qui resta constamment fidèle à la loi de Dieu, et le Seigneur le récompensa de sa piété en le

rent fidèles à Dieu ? — Quels sont ceux qui se montrèrent impies et cruels ? — Par qui la ville de Jérusalem fut-elle

délivrant de ses ennemis. Sennachérib, roi d'Assyrie, étant venu assiéger Jérusalem, son armée périt dans une seule nuit de la main de l'ange exterminateur. Les princes qui régnèrent après Ezéchias, et à leur exemple, le peuple de Juda, s'abandonnèrent de plus en plus à l'impiété, malgré les avertissements des prophètes qui leur annonçaient de terribles châtiments. Joakim occupait le trône lorsque le roi d'Assyrie Nabuchodonosor II s'empara de Jérusalem et emmena à Babylone une partie des habitants. C'est à ce moment que commencèrent les soixante et dix années de captivité prédite par le prophète Jérémie (608 av. J. C.). Au nombre des captifs se trouvait Daniel, qui fut le dernier des quatre grands prophètes.

Les prophètes dont les prédictions ont été conservées dans les livres saints sont au nombre de seize : quatre, appelés les grands prophètes, Isaïe, Jérémie, Ezéchiel et Daniel ; douze, appelés les petits prophètes, Osée, Amos, Joël, Abdias, Jonas, Michée, Nahum, Habacuc, Sophonie, Aggée, Zacharie et Malachie. Ces hommes inspirés de Dieu, qui se succédèrent durant une période de deux cents ans, annoncèrent l'avénement du Messie, sa passion, la ruine de Jérusalem, la dispersion des Juifs et la conversion des gentils.

prise? — Combien de temps devait durer la captivité de Babylone? — Par qui avait-elle été prédite? — Quel prophète était au nombre des captifs? — Quels sont les autres prophètes? — Qu'ont-ils prédit?

CHAPITRE III.

Destruction du royaume de Juda. Fin de la captivité et reconstruction du temple. Les souverains pontifes. — La Judée
sous les rois d'Égypte et de Syrie. Les Machabées. — Guerres
civiles en Judée. Hérode, roi des Juifs. Naissance de Jésus-
Christ.

**7. Destruction du royaume de Juda. Fin de la
captivité et reconstruction du temple. Les souverains pontifes.** — Le royaume de Juda avait été
rudement châtié, mais il était encore debout.
Joakim, qui avait conservé la couronne sous la
condition de payer un tribut, essaya de secouer
le joug et périt dans la lutte. Nabuchodonosor
entra pour la seconde fois dans Jérusalem, et,
après avoir enlevé toutes les richesses du temple,
il emmena une foule de captifs, au nombre desquels était Jéchonias, fils de Joakim. Sédécias,
oncle de Jéchonias, à qui Nabuchodonosor avait
bien voulu laisser la couronne, se croyant af-
fermi sur le trône de Juda par un règne de neuf
ans, méprisa les conseils du prophète Jérémie et
prit les armes contre le roi de Babylone. Nabuchodonosor s'empara pour la troisième fois de
Jérusalem, qu'il ruina de fond en comble; il livra
le temple aux flammes, et après avoir fait crever
les yeux à Sédécias, il l'emmena captif avec tous
ceux des Juifs que le fer avait épargnés. Ainsi fut

QUESTIONS. — 7. Quels furent les derniers rois de Juda?
— Par qui ce royaume fut-il détruit? — Quel fut le sort

détruit le royaume de Juda, qui avait duré près de quatre cents ans.

Les soixante et dix ans de la captivité de Juda annoncés par le prophète étaient accomplis, lorsque Cyrus, roi des Perses, ayant détruit l'empire des Assyriens, publia l'édit célèbre qui permit aux Juifs de retourner dans leur pays et de rebâtir le temple de Jérusalem. Zorobabel, prince de la race royale de Juda, et le grand prêtre Josué ramenèrent les captifs et jetèrent les fondements du second temple, qui fut achevé malgré l'opposition et les intrigues des Samaritains. Le Juif Esdras, de la race sacerdotale, réforma les abus qui s'étaient introduits pendant la captivité et rétablit le culte de Dieu dans toute sa pureté. Un autre Juif, nommé Néhémie, obtint d'Artaxerce Longue-Main un édit qui l'autorisait à reconstruire les murs de Jérusalem. Après Néhémie, l'autorité fut confiée aux souverains pontifes, et les Juifs, quoique toujours soumis aux rois de Perse, se gouvernèrent d'après leurs propres lois et vécurent heureux et tranquilles.

Sous le pontificat de Jaddus, Alexandre le Grand, roi de Macédoine, qui, par ses victoires, avait déjà ébranlé la puissance des Perses, vint assiéger Tyr et fit demander des vivres aux Juifs. Ceux-ci répondirent qu'ils ne pouvaient lui accorder des secours, parce qu'ils avaient juré fidé-

des habitants? — Que fit Cyrus en faveur des Juifs ? — Par qui furent jetés les fondements du second temple? — Que firent Esdras et Néhémie? — A qui l'autorité fut-elle confiée ? — Qu'arriva-t-il sous le pontificat de

lité au roi de Perse. Alexandre, irrité, marcha vers Jérusalem. Jaddus, inspiré de Dieu, se revêtit de ses ornements pontificaux et sortit de la ville accompagné des autres sacrificateurs et suivi de tout le peuple en habits blancs. A cette vue, Alexandre se sentit frappé de respect, et il s'adoucit lorsque le grand pontife lui eut montré les prophéties de Daniel, lesquelles annonçaient que l'empire des Perses serait détruit par un roi des Grecs.

8. La Judée sous les rois d'Égypte et de Syrie. Les Machabées. — Après la mort d'Alexandre, ses généraux se partagèrent son empire, et la Judée fut soumise aux rois d'Égypte, qui traitèrent les Juifs avec bienveillance. L'un de ces princes, Ptolémée Philadelphe, fit traduire de l'hébreu en grec, par soixante-douze savants juifs, les livres saints qu'il voulait placer dans la bibliothèque d'Alexandrie, et cette traduction célèbre est connue sous le nom de *Version des Septante.*

La Judée passa ensuite sous la domination des rois de Syrie, et n'eut pas à se féliciter de ses nouveaux maîtres. Ce fut surtout sous le règne d'Antiochus Épiphane qu'elle eut à souffrir de cruelles persécutions. Ce prince, pour punir les Juifs d'une révolte contre son autorité, prit d'assaut et saccagea Jérusalem, et, après avoir enlevé les trésors du temple et les vases sacrés, il dédia le temple à Jupiter Olympien, et prononça la peine de

Jaddus? — 8. Sous quelle domination les Juifs passèrent-ils successivement? — Qu'est-ce que la Version des Septante? — Sous quel prince la Judée eut-elle à souffrir de

mort contre ceux qui refuseraient d'adorer cette
idole. Un prêtre, nommé Mathathias, et ses cinq
fils, Jean, Simon, Judas, surnommé Machabée,
Eléazar et Jonathas, appelant autour d'eux les
Juifs qui voulaient rester fidèles à la loi de Dieu,
engagèrent une lutte héroïque contre la puissance
du roi de Syrie. Judas Machabée vainquit plusieurs fois les généraux d'Antiochus, entra dans
Jérusalem, purifia le temple, et mourut glorieusement dans un dernier combat. Jonathas, son
frère, qui lui succéda, se montra digne de lui, et
périt assassiné. Enfin, Simon, le seul qui restât
des cinq fils de Mathathias, se conduisit avec tant
de vigueur et de prudence, qu'il délivra sa patrie
du joug des rois de Syrie.

9. **Guerres civiles en Judée. Hérode, roi des
Juifs. Naissance de Jésus-Christ.** — Le peuple,
dans sa reconnaissance pour les grands services
rendus par les Machabées, avait proclamé Simon
prince de la nation, et décrété que ce titre serait
héréditaire dans sa famille. Jean Hyrcan, fils et
successeur de Simon, fut heureux dans toutes
ses guerres contre les ennemis de la Judée et
augmenta considérablement sa puissance. Son
fils Aristobule prit le titre de roi, et avec lui
commença le règne des princes nommés Asmo-
néens. Il se rendit odieux par ses cruautés, ainsi
que son successeur, Alexandre Jannée, dont le
long règne s'écoula au milieu de dissensions inté-

grandes persécutions? — Racontez la résistance héroïque
de Mathathias et de ses fils.—9. Quelle dignité fut conférée
à Simon, le dernier des fils de Mathathias? — Quel titre

rieures. Ses deux fils, Hyrcan II et Aristobule II, se disputèrent le souverain pouvoir et briguèrent la protection de Pompée, général romain qui venait de faire de grandes conquêtes en Asie. Pompée entra dans Jérusalem et se prononça en faveur d'Hyrcan. Depuis ce moment, la Judée fut en proie à des guerres civiles jusqu'à l'époque où Hérode, fils d'Antipater, gouverneur de l'Idumée, se rendit maître de Jérusalem, prit le titre de roi des Juifs et fit confirmer son usurpation par le sénat romain.

Alors les temps marqués dans les décrets de Dieu et annoncés par les prophètes étant accomplis, Jésus-Christ, le Sauveur promis au genre humain, vint au monde à Bethléem, petite ville de Judée. La vierge Marie, sa mère, enveloppa le divin enfant dans des langes et le coucha dans une crèche, où les mages de l'Orient vinrent l'adorer. A l'âge de trente ans, Jésus-Christ commença ses prédications, manifestant sa divinité par la sublimité de sa doctrine et par ses miracles. Mais les Juifs ne voulurent pas reconnaître en lui le Messie, et le firent condamner à mourir, attaché à une croix, sur la montagne du Calvaire. Ils furent punis de leur incrédulité. La ville de Jérusalem fut détruite de fond en comble, comme Jésus-Christ l'avait prédit, et les Juifs furent dispersés au milieu des autres nations.

Aristobule prit-il ? — Quel fut le sort de la Judée sous les successeurs de ce prince ? — Que fit Hérode ? — Quel est le grand événement qui avait été prédit par les prophètes ?

CHAPITRE IV.

Histoire des Assyriens.

Fondation de Babylone et de Ninive. Premier empire assyrien. Bélus ; Ninus. — Sémiramis. Ses travaux et ses conquêtes. — Ninyas et ses successeurs. Sardanapale. Fin du
premier empire assyrien.

**10. Fondation de Babylone et de Ninive. Pre-
mier empire assyrien. Bélus ; Ninus.**— La Mésopotamie[1] , nommée dans l'Écriture sainte terre
de Sennaar , est une contrée de l'Asie située
entre deux fleuves, l'Euphrate et le Tigre. C'est
là que les hommes, avant de se séparer pour
aller peupler les différentes parties de la terre ,
avaient voulu construire la tour de Babel ; c'est
là aussi que s'élevèrent deux grandes villes ,
Babylone et Ninive. Nemrod, petit-fils de Cham,
que l'Écriture sainte appelle un violent chas-
seur, bâtit la ville de Babylone sur les bords
de l'Euphrate (2640) et sur les ruines mêmes
de la tour de Babel. A la même époque, Assur,
fils de Sem, fonda Ninive sur la rive gauche du

QUESTIONS. — 10. Dans quelle contrée et par qui furent
fondées les villes de Babylone et de Ninive ? — Qui fut
le fondateur du premier empire assyrien ? — Par qui cet

1. Ce mot signifie *entre deux fleuves*.

Tigre, et c'est de lui que la contrée prit le nom d'Assyrie.

Durant plusieurs siècles, ces deux villes furent le siége de deux royaumes séparés. Sous ses premiers rois, le royaume de Ninive ou d'Assyrie ne s'étendit pas au delà de la vallée dans laquelle coule le Tigre. A une époque incertaine, le royaume de Babylone fut envahi par les Arabes, qui en formèrent plusieurs principautés. Environ deux siècles après, Bélus, roi de Ninive, vainquit les Arabes, reprit sur eux les provinces qui formaient le royaume de Babylone, les réunit au royaume de Ninive, et fonda ainsi le premier empire assyrien.

Ninus, fils et successeur de Bélus, agrandit considérablement Ninive, à laquelle il donna son nom. Les murailles de cette ville, hautes de trente-trois mètres, pouvaient porter trois chariots de front sur leur épaisseur; elles étaient défendues par quinze cents tours, disposées d'espace en espace, et dont chacune s'élevait à soixante-six mètres.

Ninus soumit par ses armes la plus grande partie de l'Asie. Une seule ville, Bactres, capitale de la Bactriane, défendue par de fortes murailles et une garnison nombreuse, osa lui résister. Arrêté longtemps devant cette place, il désespérait de s'en rendre maître, lorsque Sémiramis, femme de Ménonès, l'un de ses généraux, escalada, avec quelques soldats déterminés, les rochers au milieu desquels était située la citadelle

empire fut-il agrandi? — Quelles conquêtes fit Ninus?— Quelle ville lui résista? — Comment s'en empara-t-il?—

de Bactres et pénétra hardiment dans la place. La citadelle prise, la ville se rendit. Ménonès étant mort, Ninus épousa Sémiramis, et, suivant quelques auteurs, il périt victime de l'ambition de cette princesse, qui voulait régner seule.

11. Sémiramis. Ses travaux et ses conquêtes. — Les traditions orientales ont entouré de merveilles le nom de Sémiramis. Elles racontent que cette princesse, au moment de sa naissance, fut exposée dans un lieu désert et miraculeusement nourrie par des colombes : les unes la couvraient de leurs ailes pour la réchauffer ; les autres apportant du lait dans leur bec venaient le verser goutte à goutte entre ses lèvres. Des bergers découvrirent l'enfant, qui était d'une beauté remarquable; ils l'emportèrent et en firent présent au chef des bergeries royales, qui l'éleva comme sa propre fille et lui donna le nom de Sémiramis, mot qui, dans la langue syrienne, signifie *ce qui vient des colombes*.

Le fils que Ninus avait laissé, Ninyas, n'étant encore qu'un enfant, toute l'autorité resta entre les mains de Sémiramis. Cette princesse, d'après le récit des historiens, exécuta d'immenses travaux à Babylone, qui surpassa bientôt Ninive en grandeur et en magnificence [1]. Elle jeta sur l'Euphrate un pont d'une longueur de cinq stades [2],

11. Que raconte-t-on sur la naissance de Sémiramis? — Que fit cette princesse pour embellir Babylone ? — Dé-

1. Voir, à la fin du chapitre VI, la description de la ville de Babylone.
2. Le stade était de 185 mètres.

et à chacune des extrémités de ce pont furent bâtis deux palais magnifiques, communiquant entre eux au moyen d'une galerie couverte construite dans le lit même du fleuve, dont on avait momentanément détourné le cours.

Sémiramis fit élever au milieu de la ville le temple de Bel ou Baal, vaste monument quadrangulaire, dont le centre était occupé par une tour, ayant cent quatre-vingt-cinq mètres de hauteur et autant de largeur. Sur cette première tour était bâtie une seconde tour de la même hauteur, sur la seconde une troisième, et ainsi de suite jusqu'au nombre de huit, de sorte que la hauteur totale de l'édifice était de quatorze cent quatre-vingts mètres. Dans la tour la plus élevée se trouvait le sanctuaire consacré au dieu Bel, et le sommet de cette même tour était une large plate-forme destinée aux observations astronomiques. Enfin, c'est à Sémiramis qu'on attribue les fameux jardins suspendus de Babylone[1], regardés comme une des sept merveilles du monde.

Sémiramis ne se borna pas à embellir sa capitale; elle exécuta encore des travaux utiles dans les diverses parties de ses États, desséchant des marais, creusant des canaux, construisant des aqueducs et traçant des routes même à travers les montagnes, qu'elle fit couper. A la gloire de ces travaux, Sémiramis voulut ajouter celle des

crivez le temple de Bel. — Quels autres travaux Sémiramis fit-elle exécuter dans ses États? — Quelle fut l'issue des expéditions qu'elle entreprit? — Comment perdit-elle

1. Voir la fin du chapitre VI.

armes et porta la guerre jusque dans les Indes.
Elle livra deux batailles sur les bords de l'Indus :
victorieuse dans la première, elle fut complète-
ment battue dans la seconde et forcée de regagner ses États, après avoir perdu une grande
partie de son armée. Ninyas, impatient de régner,
se révolta contre sa mère, qui de gré ou de force
abdiqua la souveraine autorité. Sémiramis se retira dans une forteresse, et, après sa mort, on
publia que les dieux l'avaient métamorphosée en
colombe, et depuis lors cet oiseau fut un objet de
vénération pour les Assyriens.

**12. Ninyas et ses successeurs. Sardanapale. Fin
du premier empire assyrien.** — Ninyas occupa le
trône pendant trente-huit ans, et l'histoire n'a
consacré le souvenir d'aucune de ses actions.
Tout porte à croire qu'il se borna à jouir au fond
de son palais, au milieu d'une foule d'esclaves et
de courtisans, des immenses richesses dont il
avait hérité. Durant plusieurs siècles, ses successeurs, véritables rois fainéants, imitèrent sa mollesse et ne s'occupèrent que de leurs plaisirs. Déjà
la plupart des peuples soumis aux rois d'Assyrie
avaient secoué le joug, lorsque sous le règne de
Sardanapale(785), le plus efféminé de ces princes,
Arbacès, gouverneur de Médie, et Bélésis,
gouverneur de Babylone, s'étant ligués avec les
Perses et les Arabes, se révoltèrent. Sardanapale,
forcé de prendre les armes, combattit avec cou-

le souverain pouvoir? — 12. Combien de temps et de
quelle manière régna Ninyas? — Que furent ses successeurs? — Quels peuples se liguèrent contre Ninive? —

rage, et fut d'abord vainqueur ; mais les révoltés, ayant reçu le secours des Bactriens, reprirent l'avantage, et Sardanapale se renferma dans Ninive. Cette ville résistait depuis trois ans, lorsqu'un violent débordement du Tigre renversa une grande partie de ses murailles. Sardanapale, craignant de tomber vivant au pouvoir de ses ennemis, ordonna de préparer un immense bûcher dans son palais, y fit mettre le feu, et périt au milieu des flammes avec ses serviteurs et ses trésors.

Le premier empire assyrien fut démembré, et de ses débris se formèrent trois royaumes : le royaume de Ninive ou d'Assyrie proprement dit sous Phul, celui de Babylone sous Bélésis et celui de Médie sous Arbacès.

CHAPITRE V.

Deuxième empire assyrien. Phul et ses premiers successeurs. — Sennachérib. Asharaddon. Réunion du royaume de Babylone à celui de Ninive. — Nabuchodonosor Ier. Sarac, dernier roi de Ninive. Ruine de cette ville.

13. Deuxième empire assyrien. Phul et ses premiers successeurs. — La victoire d'Arbacès et de Bélésis assura l'indépendance des gouverneurs des provinces ; mais le royaume d'Assyrie

Racontez le siége de cette ville et la mort de Sardanapale. — Quels sont les royaumes qui se formèrent des débris du premier empire assyrien ?

QUESTIONS. — 13. Quelles furent les conséquences de

continua d'avoir ses rois particuliers, et bientôt de nouvelles conquêtes lui rendirent la puissance qu'il avait perdue. Phul, le fils de ce Sardanapale qui avait succombé dans Ninive, porta ses armes en Syrie dans le dessein de profiter des troubles qui agitaient le royaume d'Israël. Manahem, usurpateur de ce royaume, éloigna Phul en se soumettant à lui payer un tribut considérable.

Téglath-Phalasar, fils de Phul, et aussi ambitieux de conquêtes, profita de l'occasion qui lui fut offerte d'intervenir dans les affaires de la Judée. L'impie Achaz, roi de Juda, menacé par les rois de Damas et d'Israël ligués contre lui, ayant invoqué son secours, Téglath-Phalasar entra d'abord dans la Syrie et se rendit maître de Damas, dont il transporta les habitants en Mésopotamie. Il passa ensuite dans le royaume d'Israël, où régnait Phacée, et il enleva à ce prince une partie de ses États. Il ne traita pas beaucoup mieux son allié Achaz, auquel il imposa un tribut annuel.

Salmanasar, qui succéda à son père Téglath-Phalasar, étendit encore sa domination par les armes. Il attaqua la Phénicie et s'empara de plusieurs villes maritimes de cette contrée ; mais il échoua devant Tyr, qui lui opposa une résistance opiniâtre. Vers le même temps, le roi d'Israël Osée, ayant voulu se soustraire au tribut qui lui

la destruction du premier empire assyrien ? — Quels sont les principaux événements des règnes de Phul, de Téglath-

était imposé, Salmanasar l'assiégea dans Samarie, prit cette ville et la ruina de fond en comble. Osée fut emmené en captivité, et les Israélites, traînés à la suite du vainqueur, furent disséminés en Assyrie et en Médie, d'où ils ne revinrent jamais. Salmanasar établit dans le pays d'Israël des colonies tirées des diverses provinces de son empire; mais les Juifs regardèrent toujours comme des étrangers ces nouveaux habitants de Samarie, désignés sous le nom de Samaritains.

14. Sennachérib. Asharaddon. Réunion du royaume de Babylone à celui de Ninive. — A peine monté sur le trône, Sennachérib, fils de Salmanasar, réclama du roi de Juda, le pieux Ezéchias, le tribut imposé à ses prédécesseurs; sur le refus de ce prince, il se disposa à l'attaquer avec une armée formidable. Pendant qu'il terminait la guerre qu'il avait entreprise contre les Philistins, il envoya des députés qui dirent aux serviteurs d'Ezéchias : « Ne vous fiez point aux paroles de votre roi, qui ne vous délivrera pas de nos mains. Les dieux des autres nations ont-ils pu sauver leurs peuples? Le Dieu de Jérusalem ne sauvera pas non plus son peuple. » Ezéchias, à qui ces paroles furent rapportées, s'humilia devant le Seigneur, qui lui fit dire par le prophète Isaïe : « Ne craignez point; le roi d'Assyrie n'entrera pas dans Jérusalem; je sauverai cette ville à cause de David, mon serviteur. » En effet, la nuit suivante, l'ange du Seigneur pénétra dans le camp des Assyriens et frappa de mort cent quatre-vingt-cinq mille hommes. Sennachérib, épouvanté de ce grand désastre, regagna précipitamment ses États, et peu après il périt assassiné par ses deux fils aînés.

Ces fils parricides ne jouirent pas du fruit de leur crime. Ce fut Asharaddon, le plus jeune des enfants de Sennachérib, qui lui succéda. Profitant des dissensions qui désolaient le royaume de Babylone, Asharaddon s'en empara et le réunit à celui de Ninive (680). Sept ans après, il entra en Judée et fit prisonnier le roi Manassès.

15. Nabuchodonosor Ier. Sarac, dernier roi de Ninive. Ruine de cette ville.—Dans les premières années de son règne, Nabuchodonosor Ier, nommé aussi Saosduchéus, ne fut pas moins heureux que son père Asharaddon. Le roi des Mèdes, Phraorte, après avoir soumis les Perses, voulut aussi forcer les Assyriens à reconnaître sa domination, et marcha contre Ninive. Nabuchodonosor le défit complétement dans la plaine de Ragau en Mésopotamie, le tua de sa main dans le combat et ravagea tout le pays des Mèdes.

L'armée assyrienne, sous la conduite d'Holopherne, général de Nabuchodonosor, marcha ensuite contre la Judée et assiégea la ville de Béthu-

nachérib ? — Qui lui succéda ? — Que fit Asharaddon ? — 15. Quelles furent les premières conquêtes de Nabuchodonosor Ier ? —Quel général envoya t-il contre la Judée ?

lie. Les habitants consternés n'avaient à attendre que l'esclavage ou la mort, lorsqu'ils furent sauvés par la main d'une femme, de Judith, qui tua Holopherne. Les Assyriens, que la mort de leur général avait frappés de terreur, prirent la fuite, en abandonnant toutes les richesses de leur camp. Cette honteuse défaite leur fut fatale. Les peuples qui leur étaient soumis commencèrent à secouer le joug. Cyaxare, fils de Phraorte, non-seulement recouvra le royaume de Médie, mais encore il y ajouta de nouveaux territoires et vainquit les Assyriens dans une grande bataille. Il se disposait même à attaquer Ninive, lorsqu'il fut arrêté dans ses desseins par une invasion des Scythes, qui durant vingt années ravagèrent la Médie et toutes les provinces de l'Asie occidentale. Délivré enfin de ces terribles envahisseurs, il s'allia avec Nabopolassar, gouverneur de Babylone, et assiégea Ninive où régnait alors le fils de Nabuchodonosor, Sarac ou Chinaladan, que les Grecs ont aussi appelé Sardanapale (647). Ce prince se tua dans son palais, après avoir fait périr sa femme et ses enfants. Ninive fut prise et détruite de fond en comble. Les ruines de cette ville, découvertes de nos jours, attestent encore quelle fut sa grandeur.

— Comment la ville de Béthulie fut-elle délivrée? — Après la défaite des Assyriens, que firent les peuples qui leur étaient soumis? — Racontez le siége et la ruine de Ninive.

CHAPITRE VI.

Histoire des Babyloniens.

Empire babylonien. Nabonassar. Nabuchodonosor II; ses conquêtes; son orgueil. — Balthazar. Prédictions de Daniel.
Prise de Babylone par Cyrus. — Description de Babylone.

**16. Empire babylonien. Nabonassar. Nabucho-
donosor II; ses conquêtes; son orgueil.** — Bélésis,
gouverneur de Babylone, de concert avec Arbacès, gouverneur de Médie, avait, comme on
l'a déjà vu, mis fin au premier empire d'Assyrie.
Maître de Babylone, il transmit son autorité à
son fils Nabonassar, qui prit le titre de roi. Nabonassar (**747**), ayant fait des établissements
considérables pour favoriser l'étude de l'astro-
nomie, qui était particulièrement cultivée à Babylone, le commencement de son règne devint une
époque que les astronomes employèrent dans
les calculs chronologiques, et que l'on a appelée
l'*ère de Nabonassar*.

Les successeurs de Nabonassar sont à peu près
inconnus ; on sait seulement que ce furent des
princes efféminés, et le roi de Ninive, Asharaddon, n'eut pas de peine à se rendre maître de

QUESTIONS. — 16. De qui Nabonassar était-il fils ? —
Qu'y a-t-il de remarquable dans son règne ? — Que fu-

Babylone qu'il réunit à son empire (648); mais cette réunion fut de courte durée. Nabopolassar, qu'on croit être un chef des Chaldéens [1], gouvernait à Babylone, lorsqu'il s'unit au roi des Mèdes (648), comme on l'a déjà vu, pour renverser Ninive, et, après la ruine de cette ville, Babylone, capitale de l'empire babylonien, domina dans l'Asie occidentale.

Nabopolassar, déjà avancé en âge, associa à l'empire son fils Nabuchodonosor II ou Nabopolassar II, qui lui succéda deux ans après. Nabuchodonosor, à la tête d'une puissante armée, s'avança vers la Syrie pour reprendre cette province, dont le roi d'Égypte, Néchao, s'était emparé. Néchao, ayant voulu l'arrêter dans sa marche, fut vaincu, et Nabuchodonosor, maître de la Syrie, entra dans la Judée pour punir Joachim, roi de Juda, de son alliance avec le roi d'Égypte : il ravagea la Judée, pilla les trésors du temple de Jérusalem et fit prisonnier Joachim. Trois fois encore il reparut en vainqueur dans la Judée, et la dernière fois il brûla Jérusalem et le temple, et détruisit le royaume de Juda, dont il emmena le peuple en captivité, ne laissant dans cette malheureuse contrée que les plus pauvres des vignerons et des laboureurs pour cultiver la terre.

rent ses successeurs ? — Sous quel prince Babylone domina-t-elle en Asie ? — Qui succéda à Nabopolassar ? —

[1]. Peuple nomade qui avait quitté les régions montagneuses de la Mésopotamie pour s'établir à Babylone.

Nabuchodonosor, poursuivant le cours de ses conquêtes, attaqua la Phénicie et assiégea la ville de Tyr, qui, après une résistance de treize ans, tomba en son pouvoir. De là il marcha vers l'Égypte, parcourut en vainqueur cette contrée, laissant partout sur son passage les traces de sa cruauté, et se retira emportant des richesses immenses qu'il employa à embellir Babylone.

L'orgueil que tant de victoires et de prospérités inspiraient à Nabuchodonosor ayant dépassé toute mesure, la main de Dieu s'appesantit sur lui. Frappé de démence, il se crut semblable aux bêtes sauvages, vivant avec elles au milieu des bois et se nourrissant comme elles de l'herbe des champs. Cette démence dura sept ans, pendant lesquels la reine Nitocris administra sagement l'empire. Quand le temps marqué pour son châtiment fut accompli, Nabuchodonosor recouvra la raison et reprit son autorité.

17. Balthazar. Prédictions de Daniel. Prise de Babylone par Cyrus. — Les successeurs de Nabuchodonosor ne se firent remarquer que par leurs cruautés et leurs vices. Son fils Évilmérodac périt assassiné, après un règne de trois ans. Nériglissor, beau-frère d'Évilmérodac et son meurtrier, ayant déclaré la guerre aux Mèdes, fut vaincu par Cyrus et tué dans le combat. Laborosoarchod, son fils, prince livré aux plus

Racontez les expéditions et les conquêtes de Nabuchodonosor II. — Comment l'orgueil de ce prince fut-il puni? — 17. Comment les successeurs de Nabuchodo-

viles passions, occupa le trône neuf mois et
périt assassiné.

Labynit, appelé Balthazar dans l'Écriture sainte,
et plus pervers encore, fut le dernier roi de Babylone. Assiégé par Cyrus, mais croyant n'avoir
rien à craindre derrière les remparts de sa capitale, il ne songeait qu'à se livrer au plaisir. Une
nuit, au milieu d'un festin dans lequel il profana
les vases du temple de Jérusalem en y faisant
boire les compagnons de ses débauches, il vit
une main qui traçait sur le mur de la salle des
caractères mystérieux. Daniel, qui fut appelé pour
en donner l'explication, annonça au prince impie
que ses jours étaient comptés et que son royaume
était donné aux Mèdes et aux Perses. Cette prédiction s'accomplit dans la nuit même. Cyrus et
ses soldats, qui avaient détourné le cours de l'Euphrate, pénétrèrent dans la ville par le lit du fleuve
mis à sec. Balthazar périt avec tous ceux de ses
sujets qui essayèrent de se défendre, et le royaume
de Babylone devint une province de l'empire des
Perses (538).

18. Description de Babylone. — Babylone, capitale de l'empire de ce nom, fut une des villes
les plus célèbres du monde par son étendue et
par la grandeur des édifices qu'elle renfermait.
Sa forme était un carré parfait, dont chaque
côté avait cent vingt stades ou vingt-deux mille
deux cents mètres. L'enceinte totale avait, par

nosor II gouvernèrent-ils? — Quel fut le dernier de ces
prince s? — Racontez la vision de Balthazar et la prise de
Babylone par Cyrus. — 18. Décrivez la ville de Baby-

conséquent, quatre cent quatre-vingts stades ou quatre-vingt-huit mille huit cents mètres de tour.

Cette vaste enceinte était formée par des murailles dont les dimensions étaient prodigieuses; elles avaient vingt-six mètres d'épaisseur et cent cinq mètres de hauteur. Ces murailles étaient construites en briques liées par du bitume, et tout autour régnait un large fossé rempli d'eau, dont les deux côtés étaient revêtus de briques. Dans le pourtour de la muraille on comptait cent portes, vingt-cinq sur chaque côté du carré, et toutes ces portes étaient en airain massif.

La ville était partagée en deux parties par l'Euphrate, fleuve large, profond et rapide. Le mur d'enceinte touchait à ce fleuve par chacune de ses extrémités, et se liait des deux côtés à une maçonnerie en briques qui formait les quais des deux rives de l'Euphrate. L'intérieur de la ville, rempli de maisons de trois et de quatre étages, était traversé par des rues alignées qui se coupaient à angle droit, les unes étant parallèles, les autres perpendiculaires au fleuve. A l'extrémité de chacune de ces dernières rues il y avait une porte qui s'ouvrait dans la maçonnerie du quai et qui conduisait au fleuve. Toutes ces portes, en nombre très-considérable, étaient aussi d'airain. Enfin, pour compléter la défense de Babylone, on avait élevé en dedans du mur d'enceinte une autre muraille qui lui était paral-

lone. — Quelle était l'étendue de son enceinte? — Com-

lèle, moins épaisse, mais construite aussi solidement.

Les principaux monuments de Babylone ont été déjà décrits[1]. Les célèbres jardins suspendus méritent aussi une mention particulière. Ils formaient un amphithéâtre composé de plusieurs vastes terrasses dont la plus élevée était au niveau des murailles de la ville, et qui étaient soutenues par des voûtes bâties l'une sur l'autre. Le sommet de ces voûtes était garni d'une couche de terre assez profonde pour qu'on pût y cultiver non-seulement des plantes et des fleurs de toute espèce, mais encore les arbres les plus grands. Sur la plus haute des terrasses étaient un aqueduc et une pompe par le moyen desquels on tirait l'eau de l'Euphrate pour l'arrosement des jardins.

Il pleut très-rarement à Babylone : aussi les campagnes environnantes étaient-elles coupées par de nombreux canaux qui y conduisaient du fleuve l'eau nécessaire pour les arroser et y faire croître les moissons. La principale culture était celle des grains, qui rapportait ordinairement deux cents pour un, et, dans les années favorables, jusqu'à trois cents.

ment était-elle défendue? —Qu'étaient-ce que les jardins suspendus? — Comment les campagnes environnantes étaient-elles arrosées? — Quelle était la principale culture?

1. Chap. IV.

CHAPITRE VII.

Histoire des Égyptiens.

L'Égypte et le Nil.—Premiers habitants de l'Égypte. Ménès, son premier roi. Conquérants étrangers. — Busiris. Osymandias. Mœris.

19. L'Égypte et le Nil. — L'Égypte est une longue vallée de huit cent quatre-vingts kilomètres, arrosée dans toute son étendue par le Nil[1], grand fleuve qui se jette dans la Méditerranée par plusieurs embouchures[2]. Cette vallée n'a pas plus de deux kilomètres de largeur en certains endroits; dans d'autres elle s'étend à plus de quatre-vingts kilomètres, et elle est bornée de chaque côté par une chaîne de collines qui, à l'occident, séparent l'Egypte du désert sablonneux de Libye. Le Nil, grossi par les pluies annuelles qui tombent dans les contrées qu'il parcourt avant d'entrer en Egypte, déborde dans la vallée et y dépose un limon qui la ferti-

QUESTIONS. — 19. Quel est l'aspect de l'Egypte ? — Par quel fleuve est-elle arrosée? — Par qui fut-elle peuplée?

1. Le Nil est formé de deux cours d'eau, le Nil Blanc et le Nil Bleu : le premier prend sa source près des monts de la Lune, et le second dans l'Abyssinie.
2. Ces embouchures étaient anciennement au nombre de sept : il n'y en a plus que deux, qui sont celles de Damiette et de Rosette.

lise. C'est vers le solstice d'été, à la fin du mois de juin, que commence la crue du fleuve; à l'équinoxe d'automne, l'Egypte offre l'aspect d'une vaste mer parsemée de villes et de villages; en hiver, c'est une campagne féconde, couverte de fleurs et de riches moissons.

L'Égypte fut peuplée par Cham, fils de Noé, et par sa postérité. Dans les premiers siècles, la haute Egypte était la seule partie du pays qui fût habitable; le reste de la contrée jusqu'à la mer ne formait qu'un vaste marais. Ce terrain, exhaussé peu à peu par le limon que le Nil y déposait, fut dans la suite desséché par l'industrie des habitants.

L'Egypte fut alors divisée en trois parties principales, la haute Egypte ou Thébaïde, dont la capitale fut Thèbes; l'Egypte moyenne[1], qui avait pour capitale Memphis; enfin la basse Egypte, comprenant tout le pays qui s'étend le long de la Méditerranée, depuis le golfe Plinthinète, à l'occident, jusqu'au lac Serbonis, à l'orient; ses villes principales étaient Héliopolis, Péluse, et plus tard Alexandrie. Dans la basse Egypte se trouvait le Delta, province renfermée entre deux des principales branches du Nil et la mer[2].

— Comment était-elle divisée? — Quelles étaient les villes

1. Appelée aussi Heptanomide, parce qu'elle était divisée en sept nomes ou provinces.
2. Elle fut ainsi nommée parce qu'elle est triangulaire, et que dans l'alphabet grec la lettre D, appelée *delta*, a la forme d'un triangle Δ.

20. Premiers habitants de l'Egypte. Ménès, son premier roi. Conquérants étrangers.

— Si l'on en croit les traditions rapportées par les anciens historiens, l'Egypte eut d'abord pour habitants des peuplades sauvages qui ne vivaient que du produit de leur pêche. D'après ces mêmes traditions, et à une époque incertaine, une tribu étrangère vint s'établir dans la vallée du Nil, soumit les habitants, auxquels elle imposa sa religion, et pendant longtemps gouverna le pays au nom des dieux dont elle avait apporté le culte. La domination de cette caste sacerdotale[1] dura jusqu'au moment où la partie de la population égyptienne qui formait la caste des guerriers fut assez forte pour revendiquer le droit de partager le pouvoir souverain. Ménès, chef des guerriers, fut le premier roi d'Egypte dont l'histoire fasse mention. Ménès (2126) jeta les fondements de Memphis. Il enseigna, dit-on, aux Egyptiens les arts et l'industrie, qui les enrichirent; mais il leur donna aussi le premier exemple du luxe, qui altéra bientôt les mœurs primitives.

L'Egypte, couverte d'une population nombreuse, n'obéit pas longtemps à un seul roi. Après Ménès, elle fut divisée en plusieurs royaumes, dont les rois formèrent dix-huit dynasties différentes, et qui s'établirent principalement

Principales? — 20. Quels furent les premiers habitants de l'Egypte? — Quel fut son premier roi? — De quelle ville Ménès fut-il le fondateur? — Après lui, comment

1. Voir ce qui est dit des castes au chap. XI.

à Memphis, à This, à Thèbes. Tous ces rois, en montant sur le trône, prenaient le titre de *pharaon.*

L'Égypte, on ne sait sous quel règne, fut envahie par des tribus de pasteurs arabes et phéniciens, désignés sous le nom d'*Hycsos,* qui s'établirent dans la basse Égypte et dans l'Égypte moyenne. Ils firent de Memphis leur capitale et bâtirent la ville d'On ou Héliopolis, où ils élevèrent un temple magnifique au soleil, leur principale divinité. Pour se mettre à l'abri de tout danger du côté du Delta, ils fortifièrent Avaris (Péluse), et une armée permanente de deux cent quarante mille hommes fut chargée de défendre cette place. Ils conservèrent leur conquête durant deux cent soixante ans; mais enfin les rois indigènes, qui s'étaient maintenus dans la Thébaïde, se réunirent contre les étrangers et les chassèrent de l'Égypte.

21. Busiris. Osymandias. Mœris. — Busiris, un des princes qui régnèrent après l'expulsion des pasteurs, agrandit tellement la ville de Thèbes, qu'il a passé pour en être le fondateur. Il l'entoura d'une enceinte de hautes murailles percées de cent portes. On y admirait non-seulement des statues colossales et des obélisques d'un seul bloc de pierre, mais encore plusieurs temples où l'or, l'argent et les pierres précieuses brillaient de toutes parts.

l'Égypte fut-elle divisée? — Par qui cette contrée fut-elle envahie? — Combien de temps les pasteurs conservèrent-ils leur conquête? — 21. Quels sont les monuments qui

Osymandias, un des successeurs de ce prince, est célèbre par les nombreux monuments qu'il éleva, et surtout par la grandeur et la magnificence de son tombeau. La vaste enceinte de cet édifice renfermait, entre autres merveilles, les statues de tous les dieux, et une bibliothèque portant l'inscription suivante : *Trésor des remèdes de l'âme.*

Mœris, l'un des rois de Thèbes, n'est pas moins célèbre pour avoir creusé le lac qui porte son nom. Voici dans quel but ce travail fut entrepris. Il ne pleut jamais en Égypte; mais le Nil, qui déborde tous les ans, comme on l'a déjà dit, arrose et fertilise les terres. Quelquefois l'inondation est insuffisante pour couvrir tout le sol cultivable; d'autres fois elle est trop abondante, et les eaux séjournent trop longtemps sur les terres. Dans les deux cas, l'Égypte est menacée de la disette. Pour remédier à cet inconvénient, Mœris fit creuser un vaste réservoir où les eaux du fleuve s'écoulaient dans les années de trop grande inondation, et où, dans les années de sécheresse, on trouvait un supplément aux eaux du fleuve pour compléter l'arrosement nécessaire. Ce lac avait trois mille six cents stades ou environ six cent soixante kilomètres de tour.

sont attribués aux rois Busiris et Osymandias? — Par quelle entreprise Mœris a-t-il rendu célèbre son règne? — Décrivez le lac qui porte le nom de ce prince, et dites dans quel but il fut creusé.

CHAPITRE VIII.

Aménophis. Sésostris; son éducation.—Conquêtes de Sésostris.
— Ses travaux et ses monuments.

22. Aménophis. Sésostris; son éducation. —
Parmi les princes qui régnèrent en Égypte après
Mœris on remarque Aménophis, le Memnon des
Grecs. Il éleva de magnifiques monuments, dont
on voit encore les restes à Louqsor, entre autres
une statue colossale qui, dit-on, rendait un son
harmonieux lorsqu'elle était frappée par les premiers rayons du soleil levant. Mais le plus
célèbre de tous les rois d'Égypte fut Sésostris, appelé aussi Rhamsès le Grand. Son père fit
rassembler de toutes les parties de l'Égypte les
enfants nés le même jour que son fils et les fit
élever ensemble. Soumis à une discipline sévère
et à des exercices continuels, ces enfants devinrent des hommes robustes, propres à supporter
toutes les fatigues de la guerre. Après s'être es-
sayé avec eux à la chasse des bêtes féroces, Sésostris, encore très-jeune, entra en Arabie et
soumit cette contrée, qui était toujours en guerre
avec l'Égypte. Il porta ensuite ses armes à l'occident et acheva rapidement la conquête de la
Libye.

QUESTIONS. — **22.** Quels monuments Aménophis fit-il
élever? — Quel est le plus célèbre des rois d'Égypte?—

Devenu roi après la mort de son père (1602), Sésostris, que ses premiers succès avaient rempli de confiance, forma le dessein de conquérir la terre entière. Avant de commencer son expédition, et pour en assurer le succès, il chercha par tous les moyens à gagner l'affection de ses sujets. Il distribua aux uns de l'argent, aux autres des terres; il fit à d'autres la remise des peines qu'ils avaient encourues, et rendit la liberté à ceux qui étaient prisonniers pour dettes et dont le nombre était considérable. Il divisa l'Égypte en trente-six nomes ou provinces, et en confia l'administration à autant de gouverneurs.

23. Conquêtes de Sésostris. — Après avoir ainsi pourvu au gouvernement de son royaume, Sésostris prépara les moyens d'exécuter ses projets de conquêtes. Si l'on en croit l'historien Diodore de Sicile[1], il rassembla une armée de six cent mille fantassins, de vingt-quatre mille cavaliers et de vingt-sept mille chars de guerre. Il confia le commandement de ces troupes à ses compagnons d'enfance, dont il avait éprouvé, dans ses premières guerres, le courage et la fidélité. Du reste, pour qu'aucune inquiétude ne les détournât de l'expédition qu'ils allaient entreprendre avec lui, il leur donna à tous des revenus consi-

Racontez les premières conquêtes de Sésostris. — De quels soins s'occupa-t-il avant d'entreprendre ses grandes expéditions? — 23. De quelles forces était composée

1. Historien grec qui vivait à Rome du temps de César et d'Auguste.

dérables, en leur distribuant les terres les plus
fertiles de l'Égypte.

Ses préparatifs achevés, Sésostris se mit en
campagne. Il soumit d'abord les Éthiopiens,
voisins de l'Égypte, et leur imposa un tribut
annuel d'ébène, d'or et de dents d'éléphants. Il
envoya ensuite sur la mer Rouge une flotte de
quatre cents vaisseaux, qui s'empara de toutes les
îles et des pays situés sur la côte jusqu'à l'Inde.
Pour lui, continuant sa route par terre, il parcourut en vainqueur l'Asie entière, s'avança dans
l'Inde jusqu'à l'Océan et dans la Scythie jusqu'au
Tanaïs. Il passa ensuite en Europe et pénétra dans
la Thrace, qui fut le terme de son expédition, la
difficulté des vivres l'empêchant seule d'aller
plus avant. Dans les diverses contrées qu'il avait
soumises, ce prince laissa des monuments de ses
victoires avec cette inscription : *Sésostris, roi
des rois et seigneur des seigneurs*.

24. Travaux et monuments de Sésostris. —
Après une absence de neuf années, Sésostris
rentra en Égypte, suivi d'une foule de captifs et
rapportant des richesses immenses, dont il consacra la plus grande partie à des travaux utiles.
Ainsi il fit construire des chaussées au-dessus du
niveau du Nil, afin que les habitants pussent facilement communiquer entre eux pendant l'inondation. Il coupa tout le territoire compris entre

l'armée de Sésostris? — A qui confia-t-il le commandement de ses troupes? — Quelles contrées et quels peuples
soumit-il? — 24. Combien de temps dura l'absence de
Sésostris? — De quels travaux s'occupa-t-il à son retour

Memphis et la mer par un grand nombre de canaux qui servaient à l'irrigation des terres et au transport des marchandises. Pour défendre l'Égypte contre les invasions des Arabes et des Syriens, dont elle avait eu à souffrir à différentes époques, il la ferma du côté de l'orient par une grande muraille qui s'étendait de Péluse à Héliopolis à travers le désert.

En même temps Sésostris élevait des obélisques[1] d'une grandeur colossale sur lesquels étaient gravés les noms des nations vaincues et les tributs qui leur étaient imposés. Il bâtissait à Thèbes, à Memphis, à Bubaste, à Éléphantine, des temples magnifiques consacrés à la divinité qui était plus particulièrement honorée dans chacune de ces villes. Pour tous ces travaux il n'employa que les prisonniers qu'il avait ramenés de ses expéditions.

CHAPITRE IX.

Successeurs de Sésostris. Les pyramides.— Invasion des Éthiopiens. Sabacon. Séthos. — Les douze rois. Le labyrinthe. Psammétichus.

25. Successeurs de Sésostris. Les pyramides. — Les successeurs de Sésostris n'héritèrent point

en Égypte? — Quels sont les monuments qu'il éleva? — Quelle fut la durée de son règne?

QUESTIONS. — 25. Quels furent les deux premiers suc-

1. C'est un de ces obélisques, dits obélisques de Louqsor, qui a été transporté d'Égypte à Paris et dressé sur la place de la Concorde.

des grandes qualités de ce prince, et les temps qui suivirent furent pour l'Égypte une époque de décadence. Phéron, appelé aussi Rhamsès, qui régna après Sésostris, réduisit les Israélites à une dure servitude en les employant aux travaux les plus pénibles, surtout à bâtir les murailles des villes de la basse Égypte. Aménophis, son successeur, refusa d'abord aux Israélites la permission de sortir de l'Égypte ; mais, vaincu par les prodiges que Moïse opéra devant lui, il finit par la leur accorder. S'en étant bientôt repenti, il se mit à leur poursuite et fut englouti dans les eaux de la mer Rouge avec son armée.

Après Aménophis, le trône d'Égypte fut occupé par plusieurs princes dont l'histoire n'a pas conservé la mémoire. Le premier dont le nom soit connu est celui que les Égyptiens appelaient Céten, et que les Grecs ont appelé Protée. Après lui, Rhampsinite, son fils, ne fut occupé pendant toute sa vie qu'à grossir ses revenus par de nouveaux impôts : peu soucieux d'acquérir une gloire véritable, il voulut avoir le stérile honneur d'accumuler des richesses plus considérables que celles que les rois ses prédécesseurs avaient possédées.

Chéops (1178) et son frère Chéphren (1128), qui régnèrent successivement l'un après l'autre, gouvernèrent l'Égypte de la manière la plus tyrannique. Dans le but de se préparer un tombeau

cesseurs de Sésostris, et par quels événements leur règne fut-il marqué ? — De quels soins s'occupa Rhampsinite ? — Comment Chéops et Chephren gouvernèrent-ils ? —

d'une magnificence sans égale, ils condamnèrent tous les Égyptiens indistinctement à construire les fameuses pyramides, regardées par les anciens comme une des sept merveilles du monde et qui font encore aujourd'hui l'étonnement des voyageurs. La pyramide qui porte le nom de Chéops, et à la construction de laquelle cent mille ouvriers, relevés tous les trois mois, furent continuellement occupés, coûta trente années de travail et des sommes immenses. Cette pyramide est quadrangulaire : chaque face a deux cent quarante mètres de largeur à la base, et sa hauteur est de cent quarante-six mètres. La pyramide élevée par Chéphren est à peu près aussi grande que celle de Chéops.

26. Invasion des Éthiopiens. Sabacon. Séthos. — Les rois Mycérinus et Asychis[1] ou Bocchoris, qui vinrent après, gouvernèrent l'Égypte avec plus de sagesse. Ils eurent pour successeur un habitant de la ville d'Anysis, qui s'appelait lui-même Anysis. Sous le règne de ce prince, les Éthiopiens envahirent l'Égypte et en restèrent les maîtres durant deux cent soixante-dix-huit ans.

Les Égyptiens racontaient que Sabacon, le dernier roi éthiopien qui eût régné sur l'Égypte, averti par un songe qu'il ne pouvait conserver

Dans quel but firent-ils construire les pyramides? — Donnez quelques détails sur ces monuments. — 26. Par quel peuple l'Égypte fut-elle envahie? — Que racontait-on de l'Éthiopien Sabacon? — Pourquoi la caste des guer-

---

1. Asychis éleva aussi une pyramide; mais, au lieu de la bâtir en pierre, comme ses prédécesseurs, il n'employa que des briques à sa construction.

la couronne qu'en réunissant tous les prêtres du royaume et en les coupant en morceaux, aima mieux renoncer au souverain pouvoir plutôt que de se rendre coupable d'un tel crime, et qu'il se retira en Éthiopie.

Après la retraite de Sabacon (722), l'Égypte fut gouvernée par un prêtre de Vulcain, nommé Séthos, qui négligea beaucoup la caste des guerriers; il leur enleva même les terres que les autres rois leur avaient accordées. Aussi, lorsque, peu de temps après, Sennachérib, roi d'Assyrie, attaqua l'Égypte, aucun des guerriers égyptiens ne voulut prendre les armes. Séthos marcha contre Sennachérib avec une armée composée d'artisans, de marchands et de laboureurs.

A peine les deux armées furent-elles en présence qu'un nombre infini de rats se répandirent dans le camp des Assyriens et rongèrent si bien en une seule nuit les cordes des arcs, les carquois et les attaches des boucliers, que les soldats de Sennachérib, privés de toute espèce d'armes, furent obligés le lendemain de faire une prompte retraite. En mémoire de cet événement, on éleva dans le temple de Vulcain une statue de pierre qui représentait Séthos tenant dans sa main un rat avec cette inscription : *En me voyant, apprends à respecter les dieux.*

27. Les douze rois. Le labyrinthe. Psammétichus. — Après Séthos, il y eut un interrègne de

riers refusa-t-elle de suivre Séthos contre l'armée assyrienne? — Comment cette armée fut-elle forcée de battre en retraite? — 27. Combien de temps dura l'interrègne

deux ans; mais comme des désordres de toute espèce désolaient l'Égypte, douze des principaux personnages du pays s'emparèrent de l'autorité et convinrent de l'exercer chacun sur certaines provinces, sans chercher à se nuire les uns aux autres. Ils observèrent ce traité d'autant plus fidèlement qu'un oracle avait prédit que celui d'entre eux qui offrirait ses libations à Vulcain dans une coupe d'airain serait seul roi.

Pour laisser à la postérité un gage de leur union, les douze rois construisirent non loin du lac Mœris un vaste palais, formé par la réunion de douze palais, qu'on appela le labyrinthe. On trouvait dans l'intérieur de ce monument douze cours, dont six étaient tournées vers le nord et six vers le midi : chacune était ornée d'un péristyle en marbre blanc. Il y avait deux étages, l'un souterrain et voûté, l'autre élevé au-dessus du premier. Chaque étage renfermait quinze cents chambres, avec une variété infinie de communications et de galeries qui conduisaient des chambres aux cours et des cours aux portiques.

Un jour que les douze rois assistaient à un sacrifice solennel dans le temple de Vulcain, le grand prêtre n'ayant apporté par inadvertance que onze coupes d'or pour faire les libations, Psammétichus, l'un des rois, remplaça par son casque, qui était d'airain, la coupe qui manquait et accomplit toutes les cérémonies. Les autres rois, se rappelant la prédiction de l'o-

après Séthos ? — Comment cet interrègne finit-il ? — Décrivez le labyrinthe. — Qu'arriva-t-il un jour dans le

racle et voulant se mettre à l'abri des entreprises de Psammétichus, le reléguèrent dans la partie marécageuse du pays, située le long des côtes de la mer.

Cet exil fut la cause de sa fortune : un oracle qu'il envoya consulter lui prédit qu'il serait délivré par des hommes d'airain venant de la mer. En effet, peu de temps après, on vint annoncer à Psammétichus que des hommes couverts d'armes d'airain pillaient la contrée. C'étaient des pirates ioniens et cariens, que la tempête avait forcés d'aborder en Égypte. Psammétichus les accueillit avec empressement et se les attacha par de magnifiques promesses. Bientôt, avec leur secours et celui des Égyptiens qui lui étaient restés fidèles, il vainquit les autres rois et étendit sa domination sur l'Égypte entière (671). Ce prince donna aux Ioniens et aux Cariens qui l'avaient servi des terres situées vers la mer, près de la bouche pélusienne du Nil, et leur confia des enfants égyptiens pour leur apprendre la langue grecque. Psammétichus régna cinquante-quatre ans et laissa la couronne à son fils Néchao.

temple de Vulcain ? — Comment Psammétichus devint-il seul roi ? — Comment récompensa-t-il les étrangers qui l'avaient servi ? — Quel fut son successeur ?

CHAPITRE X.

Néchao. Voyage autour de l'Afrique. Apriès.—Amasis. Psamménite. — L'Égypte sous la domination des Perses et des
successeurs d'Alexandre le Grand.

28. Néchao. Voyage autour de l'Afrique. Apriès.
— Néchao, pour faciliter les relations commerciales, entreprit de faire communiquer le Nil
avec la mer Rouge au moyen d'un canal. A peine
en avait-on creusé la moitié que le roi ordonna
de cesser les travaux, parce que l'oracle qu'il
avait envoyé consulter lui répondit que ce canal
ouvrirait l'entrée de l'Égypte aux barbares. Néchao fit construire des vaisseaux sur la Méditerranée et la mer Rouge et ordonna à des navigateurs phéniciens de faire le tour de l'Afrique.
Partis de la mer Rouge, ces navigateurs traver-
sèrent le détroit des colonnes d'Hercule[1] et arrivèrent aux bouches du Nil par la Méditerranée,
après un voyage qui avait duré trois ans[2].

Néchao porta ses armes en Syrie et vainquit

QUESTIONS. — 28. Quel travail Néchao entreprit-il? —
Pourquoi l'abandonna-t-il? — Quel voyage de découvertes fit-il faire? — Dans quelle contrée porta-t-il ses

1. Détroit de Gibraltar.
2. La longue durée de ce voyage s'explique par la néces-
sité où se trouvaient les navigateurs de s'arrêter en divers endroits pour renouveler leurs provisions, et ils ne les renouve-
laient qu'en semant du blé et en attendant le moment de le
récolter.

à Mageddo Josias, roi de Juda. De là, s'avan-
çant jusqu'à l'Euphrate, il s'empara d'abord
de quelques places de l'empire assyrien ; mais
Nabuchodonosor lui fit éprouver près de Car-
chemis une sanglante défaite, qui le força de
rentrer en Égypte. Il mourut peu après, laissant
la couronne à son fils Psammis, qui ne régna
que six ans.

Le règne d'Apriès, fils et successeur de Psammis, fut d'abord très-paisible ; ensuite ce prince
ayant envoyé une armée pour soumettre les Grecs
de Cyrène, les Égyptiens furent battus avec de
grandes pertes, et la honte de cette défaite les
poussa à la révolte. Apriès envoya un de ses officiers, nommé Amasis, pour les faire rentrer
dans le devoir ; mais les rebelles ayant placé une
couronne sur la tête de cet officier et l'ayant proclamé roi, Amasis marcha avec eux contre
Apriès.

Apriès rassembla dans la ville de Saïs trente
mille soldats étrangers, la plupart Cariens et
Ioniens, qu'il prit à sa solde, et s'avança à la
rencontre d'Amasis. Les deux armées en vinrent
aux mains dans les environs de Memphis. Les
étrangers combattirent avec courage ; mais comme
ils étaient très-inférieurs en nombre aux Égyptiens, ils furent vaincus. Apriès fut amené prisonnier à Amasis, qui épargna sa vie et le traita
avec bonté ; mais peu après les Égyptiens exi-
gèrent que le malheureux prince leur fût livré et
ils l'étranglèrent.

armes ? — Où et par qui fut-il ensuite vaincu ? — Racontez

29. Amasis. Psamménite. — Amasis, que la mort d'Apriès laissa paisible possesseur de la couronne (570), était né à Saïs dans la classe plébéienne. Dans le commencement de son règne, voyant que les Égyptiens faisaient peu de cas de lui à cause de l'obscurité de sa naissance, il usa d'adresse pour les ramener à de meilleurs sentiments. Il possédait un bassin d'or dans lequel lui et ses convives avaient coutume de se laver les pieds avant de se mettre à table. Il ordonna de le briser et d'en faire la statue d'un dieu, qu'il plaça dans l'endroit le plus fréquenté de la ville. Les Égyptiens eurent la nouvelle image en grande vénération. Alors Amasis dit à tous ceux qu'il avait réunis . « Cette statue est faite avec un bassin qui servait à un vil usage ; cependant elle est l'objet de votre culte. Ma destinée est toute semblable : j'ai été d'abord un simple plébéien ; aujourd'hui je suis votre roi, et j'ai droit aux honneurs que je vous prescris de me rendre. » C'est ainsi qu'il amena les Égyptiens à se soumettre à son autorité. Au reste, Amasis mérita le respect de ses sujets par la sagesse de son gouvernement. Il fit la paix avec les Cyrénéens et rechercha l'alliance des Grecs, auxquels il permit d'habiter la ville de Naucratis. Il signala aussi son règne par la construction d'édifices

les événements du règne d'Apriès.—29. Comment Amasis était-il parvenu au trône ? — Par quel moyen s'attira-t-il le respect du peuple ? — Quels sont les monuments qu'il éleva ? — Qui eut-il pour successeur ? — Racontez l'expédition de Cambyse en Égypte et la soumission de cette

magnifiques, d'immenses colosses et de sphinx à figure humaine d'une grandeur considérable. Amasis eut pour successeur son fils Psamménite.

A cette époque, Cambyse, qui gouvernait le puissant empire des Perses, médita la conquête de l'Égypte. La difficulté de l'entreprise à travers des routes inconnues le tenait dans l'incertitude, lorsqu'un officier carien nommé Phanès, qui avait servi le roi Amasis, et qui, on ne sait pour quel motif, s'était réfugié en Perse, offrit à Cambyse de le guider dans son expédition. Le roi des Perses se mit aussitôt en marche. Psamménite était campé auprès de Péluse, lorsqu'il fut attaqué par les Perses. Le combat fut rude et sanglant; mais enfin les Égyptiens tournèrent le dos et, ne gardant aucun ordre dans leur fuite, coururent se renfermer dans Memphis. Cette ville ne se défendit que dix jours, et sa prise entraîna la soumission de toute l'Égypte (625). Psamménite, auquel Cambyse avait laissé la vie, ne put voir sans douleur les Perses dévaster les temples et les autres monuments de son pays; il excita les Égyptiens à la révolte, et Cambyse le fit mettre à mort.

30. L'Égypte sous la domination des Perses et des successeurs d'Alexandre le Grand. — L'Égypte devait désormais rester soumise à une domination étrangère, malgré les efforts qu'elle tenta à diverses reprises pour recouvrer son indépen dance. Le roi de Perse Darius, fils d'Hystaspe, entreprit de continuer entre le Nil et la mer Rouge le canal de communication qui avait été commencé par Néchao ; mais il renonça bientôt à cette entreprise, parce qu'on lui persuada que le sol de l'Égypte, étant plus bas que le niveau des eaux de la mer Rouge, serait entièrement submergé. Les Égyptiens, profitant des défaites essuyées en Grèce par les armées de ce prince, se révoltèrent, et Darius mourut avant d'avoir pu les soumettre ; Xerxès, qui lui succéda, les fit rentrer sous son obéissance. Plus tard Inarus, fils d'un roi de Libye, et Amyrtée, auxquels les Égyptiens avaient donné successivement la couronne, essayèrent encore de délivrer l'Égypte de la domination étrangère : Inarus, livré aux Perses par une trahison, expira sur une croix. Quant à Amyrtée, il se maintint indépendant dans les parties marécageuses du pays ; mais après lui l'Égypte retomba sous le joug.

Lorsque l'empire des Perses eut été conquis par Alexandre le Grand, ce prince, maître de l'Égypte, y fonda, entre le lac Maréotis et la mer, une ville qui fut appelée Alexandrie, du nom de son fondateur. Cette ville, ayant un double port qui pouvait contenir un grand nombre de vaisseaux, fut bientôt enrichie par le commerce et remplie d'une population nom-

en fut-il détourné ? — Quelle fut l'issue des tentatives d'Inarus et d'Amyrtée pour délivrer l'Égypte de la domination étrangère ? — Quelle ville fut fondée en Égypte par Alexandre le Grand ? — Quelle dynastie régna ensuite

breuse. Décorée de magnifiques monuments, elle devint la capitale de l'Égypte et l'une des plus florissantes villes du monde. Après la mort d'Alexandre, ses généraux se partagèrent son empire et prirent le titre de roi. L'un d'eux, Ptolémée, fils de Lagus, qui avait eu le gouvernement de l'Égypte, régna sur ce pays et fut le fondateur de la dynastie des Lagides (323), qui occupa le trône durant près de trois siècles[1].

CHAPITRE XI.

Gouvernement de l'Égypte. Castes; rois. — Divinités égyptiennes; animaux sacrés — Embaumement des corps. Jugement des morts. — Arts et sciences. Monuments.

31. Gouvernement de l'Égypte. Castes; rois. — La constitution politique de l'Égypte reposait sur la distinction des castes ou grandes classes.

Les prêtres composaient la première caste. Ils possédaient un tiers des terres de l'Égypte, exemptes de tout impôt. De plus, ils n'avaient aucune dépense à faire pour leur entretien et celui de leur famille : ils se nourrissaient de la chair des victimes offertes en sacrifice; on leur fournissait le vin qui leur était nécessaire. En-

sur cette contrée? — A quelle époque l'Égypte fut-elle réduite en province romaine?

QUESTIONS. — 31. Donnez quelques détails sur la caste des prêtres et sur celle des guerriers. — Que comprenait

1. L'Égypte fut réduite en province romaine après la mort de Cléopâtre, fille de Ptolémée Aulète (30 ans av. J. C.).

tourés de la vénération du peuple, ils n'étaient pas moins respectés par les rois, dont ils dirigeaient la conduite.

La seconde caste était celle des guerriers. Ils possédaient, comme la première, un tiers des terres de l'Égypte, également exemptes d'impôt. Les guerriers s'occupaient exclusivement de l'art militaire, et il leur était défendu d'exercer aucune autre profession.

Le reste du peuple formait la troisième classe, qui comprenait les pasteurs, les artisans et les laboureurs. Ces derniers cultivaient les terres des rois, des prêtres et des guerriers. Toutes les professions étaient héréditaires, et le fils ne pouvait abandonner celle que son père avait exercée, sans s'exposer à être puni de peines sévères.

Au-dessus des castes étaient les rois, qui, à l'égard du peuple, étaient les maîtres absolus des personnes et des biens de leurs sujets. Mais cette puissance excessive avait un frein dans le respect de la loi et dans la crainte du jugement public qu'ils avaient à subir après leur mort. Plusieurs rois, condamnés par ce jugement du peuple, furent privés des honneurs de la sépulture royale.

32. Divinités égyptiennes; animaux sacrés. — Les principales divinités des Égyptiens étaient Osiris et Isis. Sous le nom d'Osiris, ils adoraient le soleil, le ciel et le Nil ; sous celui d'Isis, la lune,

la troisième classe? — Quelle règle était établie au sujet des professions? — Quel était le pouvoir des rois? — Comment ce pouvoir était-il limité?—32. Quelles étaient les principales divinités des Égyptiens? — A quels ani-

l'air, la terre. Presque tous les animaux de leur pays, tels que le bœuf, l'épervier, l'ibis, l'ichneumon, le chat, le crocodile[1], étaient aussi l'objet de leur culte, ce qui montre à quelles grossières superstitions ce peuple était livré. De tous les animaux sacrés, le bœuf était le plus vénéré, parce que l'on croyait que l'âme d'Osiris avait, après la mort de ce dieu, habité le corps d'un bœuf, et qu'elle passait successivement dans d'autres individus de cette espèce. Le bœuf qui était supposé renfermer l'âme du dieu s'appelait Apis, et on le reconnaissait à certaines marques particulières. Lorsque le bœuf Apis mourait, toute l'Égypte était plongée dans le deuil ; mais la douleur faisait place à la joie dès qu'on avait trouvé un nouvel Apis.

33. Embaumement des corps. Jugement des morts. — Lorsqu'un personnage important mourait, les femmes de sa maison, la tête et le visage souillés de boue, parcouraient la ville en poussant des cris et en se frappant la poitrine. Les hommes en faisaient autant de leur côté. Ensuite on portait le corps à ceux qui devaient l'embaumer. Ce soin était confié à plusieurs classes d'hommes qui avaient chacune des fonctions différentes dans cette opération. Après avoir rempli

maux rendaient-ils un culte religieux ? — Pourquoi le bœuf était-il particulièrement adoré ?—33. Par qui et comment se faisait l'embaumement des corps ? — Par quelle cérémonie procédait-on au jugement des morts ? —

1. Chaque espèce de ces animaux était consacrée à quelque divinité.

d'aromates et de parfums l'intérieur du corps, ils le laissaient pendant soixante et dix jours dans une préparation de nitre; ensuite ils le lavaient et l'enveloppaient de bandelettes de toile enduites de gomme. Alors les parents, à qui on le remettait, le renfermaient dans une caisse de bois peint représentant une figure d'homme[1].

Avant d'obtenir les honneurs de la sépulture, le mort devait comparaître devant les juges, qui prononçaient sur son sort. Ces juges, prévenus d'avance par les parents, s'assemblaient sur les bords d'un lac qu'il fallait traverser pour arriver jusqu'à eux. Au jour fixé, le corps était placé dans une barque; mais avant qu'on le déposât sur le rivage, il était permis à tout citoyen de porter une accusation contre le défunt. Si l'accusation était prouvée, les juges prononçaient un arrêt qui privait le mort de la sépulture de sa famille; si elle était reconnue calomnieuse, l'accusateur était puni de peines sévères. Dans ce cas, comme lorsqu'il ne s'était pas présenté d'accusateur, les parents quittaient le deuil, faisaient l'éloge du mort et priaient les dieux de l'admettre dans la société des justes. Ensuite le corps était porté au tombeau de ses aïeux. Ceux dont la famille ne possédait pas de tombeau commun étaient placés dans un petit monument qu'on éri-

Dans certains cas, quelle était la peine prononcée par les juges? — 34. Donnez quelques détails sur l'écriture

1. Beaucoup de ces momies ou des boîtes qui les renfermaient ont été rapportées d'Égypte en Europe, et on peut en voir des spécimens dans nos musées.

geait dans la maison, et dans lequel le cercueil était placé debout, fixé à la muraille.

34. Arts et Sciences. Monuments. — Les Égyptiens avaient deux espèces d'écriture, l'une vulgaire, l'autre sacrée; l'écriture vulgaire était alphabétique, et c'était celle qui servait aux usages ordinaires de la vie. L'écriture sacrée était hiéroglyphique, c'est-à-dire qu'au lieu de se composer de caractères alphabétiques, elle offrait dans une suite d'images la représentation de divers êtres animés ou inanimés. Les prêtres avaient donné à chacun de ces objets une signification tirée tantôt de sa nature même et de ses qualités particulières, tantôt purement conventionnelle. Ainsi le mot *fleur* était représenté par une fleur, le mot *dieu* par un épervier, le mot *haine* par un poisson. Les prêtres s'étaient réservé la connaissance de cette écriture, et ne la communiquaient qu'à ceux qu'ils avaient initiés aux mystères de leur religion secrète.

Le tissage et la teinture des étoffes, le travail des métaux, l'art de tanner le cuir, d'émailler, de dorer, de vernir, étaient connus et même portés à un haut degré de perfection chez les Égyptiens. Ils savaient aussi fabriquer la porcelaine et le verre.

Les Égyptiens furent les premiers à observer le cours des astres et à en calculer les révolutions ; leur année était de 365 jours. Ils connaissaient l'arpentage, la géométrie et la médecine.

vulgaire et sur l'écriture hiéroglyphique des Égyptiens. — En quoi consistait l'industrie de ce peuple ? — Quelles

Cette dernière science leur paraissait trop vaste pour qu'une personne en cultivât toutes les branches. Aussi les médecins étaient-ils très-nombreux : les uns étaient pour les yeux, les autres pour la tête, ceux-ci pour les dents, ceux-là pour les maux d'estomac, c'est-à-dire que chacun d'eux ne devait traiter qu'une seule maladie.

Les nombreux monuments de l'Égypte, les pyramides, les obélisques, les temples, étaient couverts d'inscriptions hiéroglyphiques, qui contenaient soit des sentences religieuses, soit la généalogie ou l'éloge des dieux ou des rois, soit le récit de quelque événement historique. Les figures sculptées et peintes qui décoraient ces monuments attestent que l'architecture, la sculpture et la peinture étaient en honneur chez les Égyptiens; mais ces arts ne furent jamais portés à une haute perfection.

sciences cultiva-t-il particulièrement? — Pourquoi les médecins étaient-ils très-nombreux en Egypte? — Sous quel rapport les monuments égyptiens sont-ils remarquables?

CHAPITRE XII.

Histoire des Mèdes et des Perses.

Les Mèdes et la Médie. Le juge Déjocès. — Règne de Déjocès.
Fondation d'Ecbatane. — Phraorte. Cyaxare. Les Scythes.

35. Les Mèdes et la Médie. Le juge Déjocès. —
Les Mèdes et les Perses, qui devaient tour à tour
dominer en Asie, habitaient la région montagneuse située entre la mer Caspienne et le golfe
Persique. Les Mèdes étaient issus de Madaï, fils
de Japhet, et les Perses, désignés aussi sous le
nom d'Élamites, tiraient leur origine d'Élam, fils
de Sem. Ces deux peuples parlaient la même
langue et avaient la même religion.

La Médie était un des pays les plus fertiles et
les plus riches de l'Asie. La partie située au nord
était montagneuse; mais au-dessous s'étendaient
de vastes plaines entrecoupées de collines qui
nourrissaient de nombreux troupeaux de mou-
tons et les meilleurs chevaux de tout l'Orient.
Les habitants étaient industrieux; ils savaient
filer de fines étoffes et les teindre des plus brillantes couleurs.

Les Mèdes étaient soumis depuis plusieurs

QUESTIONS. — 35. Quelle contrée les Mèdes et les Perses
habitaient-ils? — De qui ces peuples tiraient-ils leur ori-

siècles aux rois de Ninive, lorsque leur gouverneur Arbacès les engagea à secouer le joug (759). Après sa victoire sur Sardanapale, laquelle, comme on l'a déjà vu, mit fin au premier empire assyrien, Arbacès laissa aux Mèdes leur indépendance, et ils continuèrent à vivre comme ils avaient toujours vécu jusqu'alors. Divisés en tribus, n'habitant que des hameaux, ils reconnaissaient, pendant la paix, l'autorité des magistrats ou juges choisis par eux, et pendant la guerre ils obéissaient à des chefs qu'ils avaient nommés. Cependant cet état de choses finit par amener l'anarchie, surtout après la mort d'Arbacès.

Au milieu des dissensions et des graves désordres qui désolaient le pays, Déjocès, le plus renommé d'entre les juges, qui avait donné des preuves de sagesse et rendu de grands services à ses concitoyens, trouva le moment favorable pour s'emparer de l'autorité souveraine. Comme on accourait de toutes parts à son tribunal, parce qu'on ne voulait que lui pour arbitre, il renonça à ses fonctions de juge, sous le prétexte que, sans cesse occupé à terminer les différends d'autrui, il négligeait ses propres affaires. Alors les Mèdes convinrent de se donner un roi, et Déjocès fut élu d'un consentement unanime.

36. Règne de Déjocès. Fondation d'Ecbatane. — Devenu roi (710), Déjocès s'entoura bientôt

gine ? — Quel était l'aspect de la Médie ? — Comment les Mèdes se gouvernèrent-ils après avoir secoué le joug des Assyriens ? — De quelle manière Déjocès obtint-il

de toute la pompe des autres souverains de l'O-
rient. Il se fit donner des gardes et construire un
palais fortifié; ensuite il ordonna à ses sujets
de bâtir une grande ville qui fut nommée Ecbatane et qui devint la capitale du royaume.
Cette ville avait sept enceintes disposées en amphithéâtre, de telle sorte que les murailles de
la seconde s'élevaient plus haut que celles de la
première, celles de la troisième plus haut que
celles de la seconde, et ainsi de suite jusqu'à la
septième. Chacune de ces enceintes était d'une
couleur différente: la première, c'est-à-dire la plus
extérieure, était peinte en blanc, la seconde en
noir, la troisième en rouge, la quatrième en bleu,
la cinquième en vert; la sixième était argentée et
la septième dorée.

La septième enceinte renfermait le palais du
roi et ses trésors; les officiers du prince et ses
serviteurs logeaient dans la sixième, et le peuple
habitait les cinq autres. Personne n'était admis
dans le palais sans un ordre exprès; il était défendu de regarder en face le souverain, de rire ou
de cracher en sa présence. Il croyait inspirer par
là à ses sujets un plus profond respect pour sa
personne et sa dignité.

Déjocès se montra très-sévère dans l'exercice
de la justice, et en même temps il établit une
police exacte et vigilante. Ses sujets lui faisaient
parvenir dans l'enceinte du palais les mémoires

le souverain pouvoir? — 36. Quelle ville Déjocès fonda-
t-il? — Donnez quelques détails sur la manière dont cette
ville était construite. — Comment Déjocès gouverna-t-il?

de leurs procès, et il les renvoyait au dehors avec
sa décision : c'est ainsi que les jugements se
rendaient. Dès qu'il apprenait que quelque délit
avait été commis, il faisait venir le coupable et
lui imposait une punition suivant la nature du
délit. Il entretenait, à cet effet, dans tout le pays
qui lui était soumis, un grand nombre d'émis-
saires ou d'espions, les uns pour rapporter ce
qu'ils avaient vu, les autres pour redire ce qu'ils
avaient entendu. Déjocès mourut après un règne
de cinquante-trois ans, laissant pour successeur
son fils Phraorte (657).

37. Phraorte. Cyaxare. Les Scythes. — À peine
monté sur le trône, Phraorte songea à étendre
sa puissance. Il attaqua d'abord les Perses, les
soumit, ainsi que les peuples voisins, et marcha
ensuite contre les Assyriens; mais Nabuchodonosor Ier, roi de Ninive, lui opposa des troupes
disciplinées, auxquelles les Mèdes ne purent
résister longtemps, et Phraorte, vaincu à Ragau,
en Mésopotamie, périt dans le combat avec la
plus grande partie de son armée (635). Il avait
régné vingt-deux ans.

Cyaxare, fils de Phraorte, aussi avide de conquêtes que son père, mais instruit par l'expérience,
commença par discipliner ses soldats. Il attaqua
d'abord les Lydiens, qui possédaient l'Asie Mineure. Les deux armées étaient près d'en venir aux
mains, lorsque tout à coup le jour se changea en

—37. Quelles conquêtes entreprit Phraorte? — Comment
périt-il? — Quel peuple Cyaxare attaqua-t-il d'abord?
— Par quelle circonstance le combat fut-il interrompu?

nuit et les soldats de part et d'autre s'arrêtèrent épouvantés [1]. Peu après Cyaxare, vainqueur des Lydiens, marcha contre les Assyriens et tailla en pièces leur armée. Il assiégeait Ninive lorsqu'il fut brusquement rappelé dans ses États par une irruption des Scythes, peuple sauvage qui venait de se jeter sur l'Asie comme un torrent impétueux. Il ne put repousser ces farouches envahisseurs, qui pendant vingt-huit ans occupèrent en maîtres l'Asie occidentale et ruinèrent tout par leurs violences. A la fin, Cyaxare et les Mèdes invitèrent à des festins la plupart des Scythes avec leurs chefs et, après les avoir enivrés, les massacrèrent. Une fois débarrassé de ces barbares, il reprit ses projets contre les Assyriens, et s'étant ligué avec Nabopolassar, roi de Babylone, il détruisit Ninive et le deuxième empire d'Assyrie. Cyaxare mourut après un règne de quarante ans et laissa le trône à son fils Astyage.

— Racontez l'invasion des Scythes en Asie. — Comment Cyaxare se débarrassa-t-il de ces envahisseurs? — A quel empire mit-il fin?

1. C'était une éclipse de soleil; elle avait été prédite par Thalès de Milet.

CHAPITRE XIII.

Astyage. Naissance de Cyrus. — Enfance de Cyrus. Secret de sa naissance dévoilé. — Révolte des Perses. Cyrus maître de l'empire.

38. Astyage. Naissance de Cyrus. — Astyage avait une fille nommée Mandane. Effrayé, dit-on, par des songes qui lui présageaient qu'il serait détrôné par son petit-fils, il ne voulut donner sa fille en mariage à aucun seigneur mède. Il envoya Mandane chez les Perses, nation tributaire des Mèdes, et lui fit épouser Cambyse, qui était, il est vrai, un des principaux chefs de cette nation, mais qui ne lui inspirait aucune inquiétude, parce que, dans son opinion, le premier des Perses ne valait pas le dernier des Mèdes.

Cependant, de nouveaux songes ayant réveillé les craintes d'Astyage, il rappela en Médie sa fille Mandane, qui, peu de temps après, donna le jour à un fils. Astyage manda aussitôt Harpagus, un de ses officiers, en qui il avait toute confiance, et il lui remit l'enfant avec ordre de le faire mourir. Harpagus, touché de compassion, ou peut-être craignant la vengeance de Mandane, si cette princesse parvenait un jour au trône, ne

QUESTIONS. — 38. Pour quel motif Astyage maria-t-il sa fille au Persan Cambyse? — Qu'ordonna-t-il au sujet de l'enfant auquel Mandane donna le jour? — De quelle

voulut pas tuer lui-même l'enfant : il fit venir un bouvier nommé Mitradate, qui était esclave d'Astyage, et il lui enjoignit, au nom du roi, d'exposer le petit prince dans un lieu désert, ajoutant que, s'il n'obéissait pas, il serait cruellement puni. Or il arriva que dans le même temps la femme de ce bouvier mit au monde un enfant qui mourut en naissant. Quand son mari l'eut informée de la triste mission dont Harpagus l'avait chargé, elle le supplia avec les plus vives instances d'épargner les jours de cet enfant; mais le bouvier restait insensible aux prières de sa femme parce qu'il savait bien que sa désobéissance lui coûterait la vie. Alors elle lui conseilla d'exposer leur enfant mort et de garder à sa place le petit prince, qu'ils nourriraient chez eux comme s'il était leur fils. Mitradate suivit ce conseil, et trois jours après il avertit Harpagus qu'il pouvait venir s'assurer par lui-même que ses ordres avaient été exécutés. Ce fut ainsi que le petit-fils d'Astyage échappa au sort qu'on lui destinait.

39. Enfance de Cyrus. Secret de sa naissance dévoilé. — Cyrus (c'était le nom du jeune prince) était âgé de dix ans lorsqu'une aventure trahit le secret de sa naissance. Des enfants de son âge avec lesquels il jouait l'ayant choisi pour leur roi, l'un d'eux refusa d'obéir à ses ordres. Cyrus le fit saisir par ses camarades et rudement fus-

manière Cyrus échappa-t-il à la mort qui lui était destinée? — 39. Racontez de quelle manière fut dévoilé le

tiger. L'enfant ainsi puni était le fils d'un seigneur
mède nommé Artembarès, qui, indigné de l'audace du fils d'un bouvier, porta ses plaintes au
roi. Astyage fit venir devant lui le jeune Cyrus et
lui adressa une sévère réprimande, lui deman-
dant comment il avait osé traiter d'une manière
si indigne le fils d'un noble seigneur de sa cour.
« Ce que j'ai fait, répondit fièrement Cyrus, je
l'ai fait avec justice. Ces enfants, au nombre desquels était le fils de ce seigneur, m'avaient choisi
pour leur roi, parce que sans doute je leur pa-
raissais le plus digne de cet honneur. Tous ont
exactement obéi à mes ordres, comme c'était leur
devoir ; lui seul s'y est refusé, et je l'en ai puni.
Si pour cela j'ai mérité quelque châtiment, je le
subirai sans me plaindre. » La fermeté de cette
réponse, l'âge de l'enfant qui s'accordait avec
le temps où le fils de Mandane avait été exposé,
enfin les traits de son visage, tout donnait à penser
à Astyage qu'il avait devant lui son petit-fils.
Ses doutes furent bientôt dissipés par le récit du
bouvier Mitradate et par les aveux d'Harpagus.
Les mages, consultés sur ce qui arriverait à cet
enfant, décidèrent que les songes du roi étaient
accomplis par cette royauté que le jeune Cyrus
avait reçue de ses compagnons.

Astyage, persuadé qu'il n'avait plus rien à
craindre de son petit-fils, le renvoya en Perse,
pour qu'il y fût élevé conformément à sa naissance. En même temps, irrité de la désobéissance

secret de la naissance de Cyrus. — Quelle horrible vengeance Astyage exerça-t-il contre Harpagus? — 40. Par

d'Harpagus, il s'en vengea de la manière la plus horrible, en faisant égorger son fils, dont le corps coupé en morceaux fut servi au malheureux père dans un festin que le roi donnait à ses courtisans. Harpagus dissimula son ressentiment et attendit l'occasion de le faire éclater.

40. Révolte des Perses. Cyrus maître de l'empire. — Cependant Cyrus, arrivé à l'âge d'homme, était déjà renommé pour son courage et ses heureuses qualités. Harpagus, qui était animé du désir de se venger d'Astyage, et qui avait réussi à mettre dans ses intérêts les principaux d'entre les Mèdes, fit avertir secrètement Cyrus qu'il était temps de pousser les Perses à la révolte. Cyrus, ayant donc assemblé les Perses, leur annonça qu'Astyage l'avait nommé leur général, et il les convoqua pour le lendemain dans un endroit qu'il leur désigna, en leur enjoignant de venir armés chacun d'une faucille. Dès qu'ils furent réunis, il leur ordonna de nettoyer un vaste champ tout couvert de ronces et d'épines. Le travail fini, il leur commanda de venir le jour suivant richement habillés. Le lendemain, lorsqu'ils se furent rendus à son appel, il leur fit servir dans le même endroit un repas somptueux. Alors il leur demanda quelle était celle des deux journées qui leur avait paru la plus agréable. Leur réponse est facile à deviner : « Hier, dirent-ils, nous avions une dure besogne, tandis qu'aujourd'hui nous faisons bonne chère. — Eh bien! dit Cyrus, si

qui Cyrus fut-il secrètement excité à pousser les Perses à la révolte ? — Racontez ce que fit Cyrus. — Quelle fut

vous avez confiance en moi, vous ne jouirez pas seulement de ces biens, mais de plus grands encore. Ayez donc le courage de vous délivrer de la servitude, et moi-même je vous y aiderai. »

Les Perses, fatigués de la dure domination à laquelle ils étaient assujettis depuis longtemps, saisirent avec empressement l'occasion de recouvrer leur liberté. Astyage, instruit de ces événements, envoya un messager à Cyrus pour lui ordonner de revenir en Médie. « Dites-lui, répondit Cyrus au messager, que j'arriverai plus tôt qu'il ne désire. » Astyage rassembla aussitôt des troupes, dont il donna le commandement à Harpagus ; mais celui-ci, au moment où la bataille s'engageait, passa du côté des Perses avec la plus grande partie de son armée. Astyage, étant tombé entre les mains du vainqueur, demeura prisonnier dans le palais jusqu'à sa mort, et ce fut ainsi que Cyrus devint maître de l'empire.

CHAPITRE XIV.

Récit de Xénophon sur l'enfance de Cyrus. — Guerre contre Crésus, roi de Lydie. — Conquêtes de Cyrus. Étendue de son empire. Sa mort.

41. Récit de Xénophon sur l'enfance de Cyrus. — Xénophon, qui a écrit la vie de Cyrus, ra-

l'issue de la lutte entre les troupes d'Astyage et l'armée des Perses ?

QUESTIONS. — **41.** Quelle était l'éducation des enfants

conte la vie de ce prince d'une autre manière que l'historien Hérodote. D'après Xénophon, Cyrus fut élevé, selon les usages des Perses, avec les autres enfants de son âge et soumis au même genre de vie et aux mêmes exercices. Les Perses étaient alors un peuple sobre, austère dans ses mœurs, plein de mépris pour le luxe et le faste que les Mèdes étalaient dans leurs vêtements et dans leurs repas. Les enfants n'avaient pour toute nourriture que du pain et du cresson, et pour boisson que de l'eau pure. Ils fréquentaient régulièrement les écoles publiques pour y apprendre la justice, l'honnêteté, l'obéissance envers les magistrats. On les exerçait à tirer de l'arc, à lancer le javelot, à lutter entre eux de force et d'adresse. A l'âge de seize ou de dix-sept ans, ils entraient dans la classe des jeunes hommes, et alors commençait pour eux un rude apprentissage. Chargés de la garde des villes, ils passaient, à tour de rôle, la nuit sous les armes. Le jour, quand ils n'avaient pas à exécuter quelque ordre des magistrats, ils s'adonnaient aux exercices propres à fortifier le corps, particulièrement à l'exercice de la chasse, qui était pour eux comme une image de la guerre, parce qu'elle avait pour objet la poursuite et l'attaque des bêtes sauvages. C'est ainsi qu'ils devenaient des hommes vigoureux et intrépides, et c'est avec ces soldats que Cyrus devait faire la conquête de l'Asie.

chez les Perses? — Comment Cyrus, d'après le récit de Xénophon, fut-il élevé? — A quel âge fut-il conduit à

Cyrus avait douze ans lorsque sa mère Mandane le conduisit en Médie, à la cour d'Astyage[1]. Il ne fut point ébloui de la magnificence qui y était déployée, et il ne se départit pas de la vie simple et frugale à laquelle il avait été habitué dès son enfance. Après un séjour de quatre ans en Médie, Cyrus retourna en Perse, pour y achever son éducation, et, devenu homme, il se distinguait entre tous par son courage et sa prudence.

42. Guerre contre Crésus, roi de Lydie. — Selon Hérodote, Cyrus resta maître de l'empire après la défaite d'Astyage. Suivant Xénophon, il fut mis à la tête des troupes mèdes et perses par son oncle Cyaxare II[2], successeur d'Astyage. Quoi qu'il en soit, c'est alors que Cyrus commença le cours de ses conquêtes. Les Assyriens et les Lydiens s'étant ligués pour l'arrêter dans ses desseins, il attaqua d'abord les Assyriens, et, après les avoir vaincus deux fois, il tourna ses armes contre Crésus, roi de Lydie, souverain très-puissant et célèbre par ses immenses richesses. Une bataille sanglante se livra à Thymbrée, en Phrygie. Crésus, dont l'armée avait éprouvé de grandes pertes, regagna Sardes, sa capitale, et s'y enferma. Cyrus le suivit en toute hâte et assiégea la ville, qui fut prise d'assaut après avoir résisté quatorze jours. Les vainqueurs

la cour d'Astyage ? — 42. Quels peuples se liguèrent contre Cyrus? — Réussirent-ils dans leurs projets?

1. Appelé Assuérus dans l'Écriture sainte.
2. Appelé Darius le Mède dans l'Écriture sainte.

se répandirent dans les rues pour piller et tuer. Un soldat perse allait frapper Crésus de son épée sans le connaître, lorsque le fils du roi, jeune prince qui était muet de naissance, fit un si grand effort en voyant le danger de son père, qu'il rompit les liens qui retenaient sa langue, et s'écria : « Soldat, ne tue pas Crésus! » Ce furent là, dit Hérodote, les premières paroles qu'il eût jamais prononcées, et depuis il conserva toujours la faculté de parler.

Cependant Crésus, fait prisonnier, fut amené devant Cyrus, qui le condamna à être brûlé vif. On dressa un bûcher, et au moment où le malheureux prince allait subir son supplice, il se rappela les paroles que le sage Solon[1] lui avait autrefois adressées : « Qu'on ne pouvait appeler heureux aucun homme vivant. » Frappé de ce souvenir, il prononça trois fois, et tout haut, le nom de Solon. Cyrus, qui était là avec ses principaux officiers, lui fit demander par ses interprètes quel était celui qu'il invoquait ainsi. Crésus raconta que l'Athénien Solon était venu autrefois à sa cour; qu'ayant contemplé toutes ses richesses, il les avait méprisées, et qu'il lui avait donné des avertissements qui s'adressaient à tous les hommes en général, et particulièrement à ceux qui se croyaient heureux. Cyrus, instruit de ce que venait de dire Crésus, en fut vivement ému;

— Racontez comment la vie de Crésus fut sauvée à la prise de Sardes. — A quel supplice fut-il ensuite con-

1. Législateur d'Athènes et un des sept sages de la Grèce.

réfléchissant qu'homme lui-même, il livrait aux flammes un autre homme dont la prospérité n'avait pas été au-dessous de la sienne, il se repentit de sa rigueur. Il fit donc éteindre le feu et pardonna à Crésus.

43. Conquêtes de Cyrus. Étendue de son empire. Sa mort. — Cyrus, avant d'attaquer les Lydiens, avait proposé une alliance aux Grecs de l'Ionie et de l'Éolide[1] : ils s'y étaient refusés. Mais après la défaite de Crésus et la prise de Sardes ils s'empressèrent d'envoyer des députés au vainqueur pour solliciter son amitié. Cyrus leur répondit par cet apologue : « Un joueur de flûte vit un jour des poissons dans la mer ; il se mit à jouer, s'imaginant que, charmés par les doux sons de son instrument, ils viendraient à lui. Trompé dans son attente, il jeta un filet dans la mer, et il prit une grande quantité de poissons qu'il attira sur le rivage où ils sautaient en se débattant : vous n'avez pas voulu danser, leur dit-il, quand je vous y invitais aux sons de la flûte, cessez donc de sauter maintenant. » Les Grecs, comprenant de quelle manière ils seraient traités par un vainqueur qu'ils avaient offensé, se préparèrent à résister. Harpagus, envoyé contre eux, les força de reconnaître l'autorité du roi des

damné? — Pourquoi Cyrus lui pardonna-t-il? — 43. Racontez comment les colonies grecques de l'Asie Mineure furent soumises à la domination des Perses. — Quels pays furent conquis par Cyrus? — Quelle était

1. Ces colonies grecques étaient établies sur les côtes de l'Asie Mineure.

Perses. Pendant ce temps Cyrus, après avoir subjugué toutes les nations de la haute Asie, assiégeait Babylone, où régnait l'impie Balthasar. Comme on l'a déjà vu, il entra dans cette ville en détournant le cours de l'Euphrate ; Balthasar fut tué, et ses États tombèrent au pouvoir du vainqueur (538)[1]. L'empire de Cyrus, divisé en cent vingt provinces, s'étendit alors depuis l'Indus jusqu'à la mer Égée et depuis le golfe Persique jusqu'au Pont-Euxin et à la mer Caspienne.

Suivant l'historien Xénophon, Cyrus employa les dernières années de son règne à établir un ordre régulier dans ses États, cherchant à mériter l'affection et la reconnaissance de ses sujets par des lois équitables et des travaux utiles. Il mourut paisiblement après avoir donné à son fils les plus sages conseils.

Si l'on en croit le récit de l'historien Hérodote, ce prince fut victime de son ambition (529). Ayant imprudemment attaqué les Massagètes, peuple de Scythie, il fut vaincu et périt avec une grande partie de son armée. Tomyris, reine des Massagètes, était inconsolable de la perte de son fils qui, ayant été fait prisonnier dans un combat précédent, s'était donné la mort pour échapper à la captivité. Elle fit rechercher le

l'étendue de son empire ? — Que racontent les historiens au sujet des dernières années du règne de Cyrus et de la mort de ce prince ?

1. Ce fut deux ans après que Cyrus permit aux Juifs de retourner à Jérusalem, et qu'il mit fin ainsi à la captivité de Babylone.

corps de Cyrus, et, après en avoir détaché la tête, elle la plongea dans une outre remplie de sang humain, en s'écriant : « Rassasie-toi de ce sang dont tu as toujours été altéré. »

CHAPITRE XV.

Cambyse. Conquête de l'Égypte. —Expéditions contre les Éthiopiens et les Ammoniens. — Cruautés de Cambyse. Le fils de Prexaspe.

44. Cambyse. Conquête de l'Égypte. — Cyrus laissait deux fils. Cambyse, l'aîné, lui succéda (529) ; le second, nomme Smerdis, eut seulement en partage l'Arménie et la Médie. Cambyse était ambitieux, et désirait ajouter de nouvelles provinces à l'empire de son père. Aussi à peine monté sur le trône, songea-t-il à porter la guerre en Égypte, sous prétexte d'une injure qu'il avait reçue d'Amasis, roi de cette contrée. Il eut pour guide dans cette expédition un Grec mercenaire, nommé Phanès, qui avait été au service d'Amasis ; d'après les conseils de cet homme, il fit alliance avec le roi des Arabes, qui s'engagea à fournir l'eau nécessaire à l'armée des Perses pour traverser les déserts.

Arrivé sur la frontière d'Égypte, Cambyse apprit que le roi Amasis venait de mourir, et que

QUESTIONS. — 44. Qui succéda à Cyrus? — De quel pays Cambyse songea-t-il à faire la conquête? — Par qui fut-il guidé dans son expédition? — Racontez la

Psamménite, son fils et son successeur, rassemblait toutes ses forces pour défendre l'entrée de son royaume. Péluse, qui était comme la clef de l'Égypte, fut la première place qui arrêta les Perses. Cambyse, pour s'en rendre maître, usa de stratagème. Au moment de donner l'assaut, il fit placer au premier rang de ses soldats un grand nombre de chiens, de chats et d'autres animaux qui étaient regardés comme sacrés en Égypte, et les Égyptiens, n'osant pas faire usage de leurs armes de peur de blesser quelqu'un de ces animaux, les Perses n'eurent pas de peine à se rendre maîtres de la place.

Cependant Psamménite arrivait avec toutes les forces qu'il avait pu rassembler, et il y eut entre les deux armées une bataille sanglante. A la fin, les Égyptiens tournèrent le dos et s'enfuirent jusqu'à Memphis, où ils se renfermèrent. Cambyse, victorieux, assiégea aussitôt cette ville, s'en empara au bout de quelques jours, et fit mettre à mort un grand nombre de nobles Égyptiens. Quant à Psamménite, il le traita d'abord avec beaucoup de bonté; mais ensuite, sachant que ce prince cherchait à recouvrer son royaume en excitant les Égyptiens à la révolte, il le fit périr.

45. Expéditions contre les Éthiopiens et les Ammoniens. — Maître absolu de l'Égypte, Cambyse entreprit deux expéditions qui furent également malheureuses, l'une contre les Éthiopiens, l'autre contre les Ammoniens. Il envoya en Éthio-

prise de Péluse, de Memphis, et la soumission de toute l'Égypte. — 45. Quelles expéditions entreprit ensuite

pie des ambassadeurs qui, sous ce nom, devaient lui servir d'espions, et qui étaient chargés de divers présents, tels que de la pourpre, des bracelets d'or et des parfums. Les Éthiopiens regardèrent avec mépris ces objets, et leur roi, voulant aussi faire à sa manière un présent à Cambyse, prit un arc qu'un Perse eût à peine soutenu, et, le bandant sans difficulté, il dit aux ambassadeurs : « Quand les Perses pourront se servir aussi aisément que je l'ai fait d'un arc de cette grandeur, qu'ils viennent attaquer les Éthiopiens. »

Lorsque cette réponse fut rapportée à Cambyse, il devint furieux et il se mit aussitôt en marche avec son armée, malgré la disette de vivres dont il était menacé. Arrivé à Thèbes, dans la haute Égypte, il détacha de son armée cinquante mille hommes qui furent chargés d'aller soumettre les Ammoniens. Mais après quelques journées de marche dans le désert, ces hommes furent surpris par une tempête et périrent tous ensevelis sous les montagnes de sable que le terrible vent du sud avait soulevées.

Pendant ce temps Cambyse poursuivait son expédition contre les Éthiopiens, sans avoir pris les précautions nécessaires pour assurer la subsistance de son armée. Aussi la famine se fit-elle bientôt cruellement sentir. Les soldats mangeaient les herbes et les racines qu'ils trouvaient sur leur

Cambyse? — Quelle fut l'issue de l'expédition contre les Ammoniens? — La guerre contre l'Éthiopie fut-elle plus heureuse? — Pourquoi Cambyse fut-il obligé d'y re-

route; puis cette ressource venant à leur manquer, ils tiraient au sort pour savoir lesquels d'entre eux serviraient de nourriture à leurs camarades. Malgré l'affreuse extrémité où se trouvaient ses soldats, Cambyse persistait encore dans son dessein, ou, pour mieux dire, dans sa folie; mais enfin, craignant pour lui-même les effets de leur désespoir, il ramena à Thèbes les débris de son armée.

46. Cruautés de Cambyse. Le fils de Prexaspe. — Après avoir pillé les temples de Thèbes, Cambyse se rendit à Memphis, où tout le peuple était en grande joie parce que les prêtres avaient trouvé le bœuf Apis que toute l'Égypte, on le sait, adorait comme un dieu. S'imaginant que ces réjouissances n'étaient faites que pour insulter à ses malheurs, il laissa éclater sa colère. On l'apaisa cependant, en lui apprenant quel était le véritable sujet de la joie publique. Il voulut voir ce dieu dont on lui parlait, et les prêtres, n'osant résister à ses ordres, amenèrent en sa présence le bœuf Apis. Étonné à la vue de cet animal et croyant qu'on avait dessein de se jouer de lui, il entra en fureur, frappa de son poignard le bœuf sacré, et lui fit à la cuisse une blessure dont il mourut quelque temps après.

Il semblait que ce prince se fît un plaisir de verser le sang. Ayant songé une nuit qu'un courrier venait lui annoncer que son frère Smerdis

noncer? — 46. Que fit Cambyse à son retour en Égypte? — Pourquoi tua-t-il le bœuf Apis? — Racontez ses cruautés et particulièrement le meurtre de son frère

était assis sur le trône de Perse, il craignit que ce frère ne s'emparât de la couronne, et il ordonna à Prexaspe, l'un de ses principaux confidents, de le faire mourir : ce qui fut exécuté. Il n'y avait pas de jour qu'il ne sacrifiât à sa colère quelqu'un de ses courtisans, et Prexaspe lui-même ne fut pas plus épargné que les autres. Ce seigneur, à qui le roi demandait un jour ce que les Perses pensaient de lui, répondit qu'ils le comblaient de louanges, mais qu'ils lui reprochaient d'avoir un peu trop de penchant pour le vin. Irrité de cette réponse, Cambyse se fit apporter du vin, et après en avoir bu une plus grande quantité que de coutume, il ordonna au fils de Prexaspe, qui était son échanson, de se placer à l'autre extrémité de la salle et de s'y tenir debout. Prenant alors son arc, il décocha une flèche contre le jeune homme, en déclarant qu'il tirait au cœur. Il fit ensuite ouvrir le corps de ce malheureux qui était tombé sur le coup, et montrant à Prexaspe le cœur de son fils traversé par la flèche, il lui demanda si le vin l'empêchait d'avoir la main sûre. Prexaspe, craignant pour lui-même la fureur de Cambyse, répondit : « Apollon ne tirerait pas plus juste. » Vile parole, plus horrible peut-être que la cruauté du prince!

Smerdis. — De quelle horrible manière punit-il la franchise de Prexaspe ?

CHAPITRE XVI.

Conjuration de Patisithe. Smerdis le mage. Mort de Cambyse.
— Fraude du mage découverte. Les seigneurs conjurés. —
Darius, fils d'Hystaspe, proclamé roi.

47. Conjuration de Patisithe. Smerdis le mage. Mort de Cambyse. — Les cruautés de Cambyse, portées jusqu'à une folie furieuse, avaient soulevé bien des haines contre ce prince. Patisithe, un des chefs des mages, auquel Cambyse avait laissé l'administration des affaires pendant son absence, profita du mécontentement des peuples pour placer sur le trône son frère, qui ressemblait parfaitement à Smerdis, fils de Cyrus, et qui portait le même nom. Il envoya des hérauts dans toutes les provinces pour ordonner de lui obéir, et comme peu de personnes étaient instruites de la mort du véritable Smerdis, il n'eut pas beaucoup de peine à faire reconnaître aux Perses pour leur souverain celui qu'ils regardaient comme le fils de Cyrus.

Cambyse, après avoir quitté l'Égypte, se trouvait en Syrie, lorsqu'il vit arriver le héraut qui publia les ordres de Patisithe. Étonné, il manda Prexaspe, qu'il soupçonnait de lui avoir désobéi; mais celui-ci affirma avec serment que Smerdis,

QUESTIONS. — 47. Racontez la révolte qui éclata en Perse pendant l'absence de Cambyse. — Qui en fut le chef? — Quelle personne Patisithe plaça-t-il sur le

fils de Cyrus, avait été mis a mort, et dit au roi que l'usurpateur n'était autre que Smerdis le mage. Cambyse se repentit alors d'avoir fait périr son frère, sur la foi d'un vain songe ; il se lamentait et déplorait son malheur. Puis, la colère reprenant le dessus, il ordonna à ses troupes de se mettre aussitôt en marche pour aller comprimer la révolte ; mais, comme il montait lui-même précipitamment à cheval, son poignard étant sorti du fourreau lui fit à la cuisse une blessure dont il mourut quelques jours après, dans une ville nommée Ecbatane[1].

48. Fraude du mage découverte. Les seigneurs conjurés. — Après la mort de Cambyse, les Perses se soumirent à celui qu'ils croyaient être le fils de Cyrus. Le mage, pour que son imposture ne fût pas découverte, se tenait continuellement enfermé au fond de son palais, et traitait toutes les affaires par l'entremise de quelques confidents intimes. Il régnait depuis sept mois, lorsque les précautions mêmes qu'il prenait pour se dérober à tous les regards furent la cause de sa perte. On savait que Cyrus avait autrefois fait couper les oreilles à ce mage en punition de quelque crime. Otanès, un des principaux seigneurs perses, voyant qu'aucun des grands de la cour n'était jamais admis en présence du souverain, soup-

trône ? — Que fit Cambyse en apprenant cette nouvelle ? — Comment mourut ce prince ? — 48. Quelle fut la conduite du faux Smerdis ? — Comment et par qui l'im-

1. Ville de Syrie, qu'il ne faut pas confondre avec Ecbatane, capitale de la Médie.

çonna le premier l'imposture, et voici comment il la découvrit. Il avait une fille nommée Phédime qui était une des femmes du roi. Instruit par elle que le prince n'avait pas d'oreilles, il fut ainsi convaincu que celui qui régnait n'était pas le véritable Smerdis, mais le mage de ce nom. Honteux d'obéir à un pareil souverain, il forma aussitôt, pour le renverser, un complot avec six autres seigneurs, au nombre desquels était Darius, fils d'Hystaspe, gouverneur de la Perse.

Les seigneurs conjurés délibéraient sur l'exécution de leur dessein, lorsqu'un événement imprévu les engagea à précipiter le coup. Les mages, pour détourner tout soupçon, avaient fait promettre à Prexaspe qu'il déclarerait devant le peuple que le roi était véritablement Smerdis, fils de Cyrus. Mais quand le peuple fut assemblé, Prexaspe tint un tout autre langage. Il déclara publiquement qu'il avait tué de sa propre main le frère de Cambyse, et que celui qui occupait le trône était Smerdis le mage. Après cet aveu, il demanda pardon aux dieux et aux hommes et il se précipita du haut de la tour d'où il parlait au peuple. Les seigneurs conjurés, profitant du trouble où se trouvaient alors les mages, entrèrent dans le palais et mirent à mort Smerdis et son frère Patisithe.

49. Darius, fils d'Hystaspe, proclamé roi. — Quelques jours après leur victoire sur les mages,

posture du mage fut-elle découverte ? — Que fit Otanès ? — Quel était le nombre des seigneurs conjurés ? — Quel événement vint précipiter leur résolution ? — Comment

les seigneurs conjurés, voyant que la tranquillité était rétablie, tinrent conseil pour délibérer sur la manière dont il serait procédé à l'élection d'un roi. Ils convinrent donc de se rendre à cheval le lendemain matin dans un certain endroit du faubourg de la ville, et de reconnaître pour roi celui d'entre eux dont le cheval hennirait le premier au lever du soleil [1]. Darius, fils d'Hystaspe, l'un des seigneurs, avait un habile écuyer, nommé Œbarès, auquel il fit connaître ce qui venait d'être convenu. Œbarès dit à Darius de ne pas se mettre en peine, ajoutant qu'il avait un moyen d'écarter les prétentions des autres seigneurs, et voici en effet le stratagème qu'il employa pour assurer la couronne à son maître.

Quand la nuit fut venue, Œbarès alla déposer dans l'endroit du faubourg qui avait été désigné la nourriture que le cheval de Darius préférait et qui devait composer son repas du soir. Alors il conduisit le cheval en cet endroit, et après l'avoir fait passer et repasser plusieurs fois devant sa provende, il la lui laissa manger, mais il ne lui donna plus rien le reste de la nuit. Le lendemain, au point du jour, les seigneurs se trouvèrent au rendez-vous. Comme ils allaient de côté et d'autre dans le faubourg, lorsqu'ils furent arrivés à l'endroit où la veille Œbarès avait conduit le cheval

périrent le mage et son frère? — 49. Quelle convention firent les seigneurs conjurés pour l'élection d'un roi?— Racontez par quel stratagème l'écuyer de Darius assura la couronne à son maître.

1. Le soleil était la grande divinité des Perses.

de Darius, cet animal se mit à hennir. Darius fut aussitôt salué roi par les autres seigneurs, qui lui prêtèrent serment de fidélité (522).

CHAPITRE XVII.

Darius, fils d'Hystaspe. Révolte de Babylone. Dévouement de Zopire. — Expédition contre les Scythes. —Voyage de découvertes entrepris par Scylax. Origine des guerres médiques. Religion des Perses.

50. Darius, fils d'Hystaspe. Révolte de Babylone. Dévouement de Zopire. — Darius appartenait, comme Cyrus, à la famille des Achéménides, et il était digne non-seulement par sa naissance, mais aussi par ses qualités, de commander aux Perses. Néanmoins, avant de rester paisible possesseur du trône, il eut à comprimer plusieurs révoltes et entre autres celle de Babylone. Il assiégea cette ville avec une puissante armée, et il y avait déjà dix-neuf mois qu'elle résistait à toutes les attaques des Perses, lorsque Zopire, fils de Mégabyse, l'un des sept qui avaient conspiré contre les mages, se dévoua pour surprendre les Babyloniens. Il se fit couper le nez, les oreilles, et déchirer le corps à coups de fouet. Il se présenta en cet état à Darius, à qui il déclara que le

QUESTIONS. — 50. Les commencements du règne de Darius furent-ils paisibles? — Comment les Babyloniens se préparèrent-ils à soutenir leur révolte? — Racontez

désir qu'il avait de le rendre maître de Babylone l'avait porté à se mutiler ainsi.

Zopire alla, en effet, trouver les Babyloniens, et, après leur avoir montré les plaies dont il était couvert, il leur dit que Darius avait exercé contre lui ces cruautés parce qu'il avait conseillé d'abandonner le siége de Babylone. Les habitants, séduits par cet artifice, et persuadés que Zopire saisirait l'occasion de se venger de Darius, lui donnèrent le commandement de quelques troupes. Il fit plusieurs sorties et battit toujours les Perses, comme il en était convenu avec le roi. Ces avantages, plusieurs fois répétés, achevèrent de lui gagner la confiance des Babyloniens, qui lui déférèrent le commandement de toute l'armée. Darius s'étant alors avancé avec ses troupes pour donner l'assaut, Zopire introduisit les Perses dans la ville, où toute résistance cessa bientôt.

Darius, maître de Babylone, en fit abattre les murailles et enlever les portes, afin qu'elle ne fût plus en état de se révolter dans la suite. Quant à Zopire, il le récompensa de son dévouement en lui donnant les revenus de cette ville et en le comblant des plus grands honneurs.

51. Expédition contre les Scythes. — Darius, voulant ajouter de nouveaux pays à son vaste empire, résolut de porter la guerre chez les Scythes[1], qui avaient plus d'une fois envahi et

le dévouement de Zopire et les moyens par lesquels il rendit Darius maître de Babylone. — 51. Quelle expédition

1. Les Scythes habitaient les vastes plaines qui s'étendaient entre l'Ister (Danube) et le Tanaïs (Don), dans la Russie actuelle.

ravagé l'Asie. Il partit de Suse avec une armée
de sept cent mille hommes, sans compter une
flotte de six cents vaisseaux. Ayant passé le Bos-
phore de Thrace[1] sur un pont de bateaux qu'il
avait fait construire, il marcha vers l'Ister (le
Danube), qu'il traversa de la même manière, et
s'avança dans le pays sans rencontrer aucun ennemi à combattre. En effet les Scythes, avertis de
la marche des Perses, avaient résolu de les affa-
mer au lieu de leur livrer bataille. Après avoir fait
retirer leurs femmes et leurs enfants dans les
parties les plus septentrionales, ils se dirigèrent
eux-mêmes lentement vers le nord en détruisant
derrière eux tout ce que produisait le pays et en
comblant les puits et les fontaines.

Darius, dont l'armée commençait à souffrir de
la disette, fatigué de poursuivre inutilement les
Scythes, essaya de les forcer par l'insulte à accepter le combat. Leur chef lui envoya par un héraut
un oiseau, une souris, une grenouille et cinq
flèches. Comme le héraut qui lui avait apporté ce
présent refusait d'en expliquer le sens, Darius,
interprétant en sa faveur cette espèce d'énigme,
prétendit que les Scythes lui livraient la terre et
l'eau, marquées par la souris et la grenouille, leur
cavalerie, désignée par l'oiseau, et enfin qu'ils lui
rendaient les armes en lui offrant les cinq flèches.
Mais Gobrias, un des sept qui avaient détrôné

Darius entreprit-il ensuite? — Qu'étaient-ce que les
Scythes? — Que firent-ils à l'arrivée des Perses? —
Quels présents le chef des Scythes envoya-t-il à Darius?

1. Aujourd'hui le canal de Constantinople.

Smerdis le mage, donna à ces présents une tout autre interprétation : « Sachez, dit-il aux Perses, que si vous ne vous envolez pas dans les airs comme des oiseaux, ou si vous ne vous cachez pas sous terre comme des souris, ou si vous ne vous enfoncez pas dans l'eau comme des grenouilles, vous ne reverrez jamais votre patrie, et que vous périrez bientôt par ces flèches. »

On sentit bientôt la vérité de cette explication, et Darius se détermina à la retraite. L'armée regagna à la hâte l'Ister, qu'elle passa sur le pont de bateaux dont la garde avait été confiée aux Ioniens, et Darius se retira à Suse.

52. Voyage de découvertes entrepris par Scylax. Origine des guerres médiques. Religion des Perses. — Darius, ayant dessein de reculer les bornes de son empire du côté de l'orient, voulut auparavant avoir une connaissance exacte du pays qu'il espérait conquérir, et il chargea de cette mission un Grec de Carie, nommé Scylax, qui avait déjà beaucoup navigué, et qui était un très-habile marin. Scylax se rendit à Caspatyre, ville située sur l'Indus, et, après y avoir construit et équipé des vaisseaux, il parcourut tous les pays situés sur l'un et l'autre bord du fleuve jusqu'à son embouchure; puis, longeant les côtes, il entra dans la mer Rouge par le détroit de Bab-el-Mandeb et aborda en Égypte après un voyage de trente mois. Darius, satisfait du rapport de Scy-

---

— Que signifiaient ces présents? — Comment finit l'expédition? — 52. De quel côté Darius voulut-il étendre les bornes de son empire? — Racontez le voyage

lax, envoya vers l'Indus une armée qui soumit tous les pays que l'habile marin avait parcourus.

Le puissant empire des Perses, qui dominait l'Asie entière, ne pouvait plus s'étendre que du côté de l'Europe. Il touchait à la Grèce par la Thrace, et Darius, maître de cette dernière contrée, désirait ajouter la première à ses vastes États. Vers cette époque, les Ioniens résolurent de secouer le joug des Perses et de reconquérir leur indépendance. Ils implorèrent l'assistance de la Grèce, et c'est alors que commencèrent les guerres médiques qui seront racontées dans l'histoire des Grecs.

Zoroastre est regardé comme l'auteur ou le réformateur de la religion des Perses ou du *magisme*. Les mages étaient les sages, les savants de la Perse; ils étaient dépositaires de toutes les cérémonies du culte religieux. Les Perses adoraient le soleil, et surtout le soleil levant. Ils avaient aussi un culte particulier pour le feu; ils l'invoquaient toujours le premier dans les sacrifices, et le portaient devant le prince lorsqu'il était en marche. Ils ne confiaient qu'aux mages la garde de ce feu sacré, qu'ils prétendaient être descendu du ciel.

de Scylax. — Quelle fut l'origine des guerres médiques? — Donnez quelques détails sur la religion des Perses.

CHAPITRE XVIII.

Histoire des Phéniciens.

La Phénicie. Sidon et Tyr. — Les Phéniciens soumis aux Assyriens et aux Perses. Siége de Tyr par Alexandre le Grand. — Colonies phéniciennes. Industrie et commerce.

53. La Phénicie. Sidon et Tyr. — La Phénicie était située au sud de la Syrie, le long des côtes de la Méditerranée. Resserrée entre le Liban et la mer, cette contrée n'avait qu'une petite étendue : elle devint cependant une puissance maritime très-célèbre. Ne pouvant rien demander à la terre ingrate où l'espace même leur manquait, les Phéniciens durent tourner toutes leurs vues et leur activité vers la mer. Les montagnes dont la côte était hérissée, et qui étaient couvertes de forêts, leur offraient les bois les plus précieux pour la construction de leurs vaisseaux. Hardis navigateurs, habiles marins, ils acquirent par le commerce d'immenses richesses et fondèrent de nombreuses colonies.

La Phénicie, eu égard à son petit territoire, renfermait un grand nombre de villes, dont les principales étaient Sidon, Tyr, Béryte (aujourd'hui Beyrouth), Biblos, Tripoli et Aradus. La

QUESTIONS. — 53. Où était située la Phénicie? — Quelle était son étendue? — A quelle occupation

plus ancienne de toutes était Sidon, qui fut la
métropole de Tyr; mais celle-ci obtint bientôt le
premier rang. Les citées phéniciennes, indépendantes les unes des autres, avaient chacune leur
gouvernement particulier et leurs rois ou magistrats; cependant elles formaient une sorte de
confédération pour la défense commune.

On ne sait rien de l'histoire proprement dite
de la Phénicie. Les quelques faits historiques qui
se rapportent à Sidon et à Tyr jusqu'au temps
d'Alexandre le Grand sont consignés dans les
livres saints. Hiram, roi de Tyr en 1016, fit
alliance avec Salomon, à qui il fournit des matériaux et des ouvriers pour la construction du
temple de Jérusalem. De 934 à 906 régna Ithobal,
qui donna sa fille Jézabel en mariage à l'impie
Achab, roi d'Israël. Pygmalion fut un de ses
descendants. Didon, sœur de ce prince, avait
épousé Sichée, qui possédait de grandes richesses.
Poussé par la cupidité, Pygmalion assassina
Sichée pour s'emparer de ces richesses; mais
Didon parvint à les soustraire aux recherches de
son frère et s'enfuit sur des vaisseaux, accom-
pagnée de tous ceux des Tyriens qui voulaient
échapper à la tyrannie de Pygmalion; elle aborda
sur la côte d'Afrique, où elle fonda la ville de
Carthage.

**54. Les Phéniciens soumis aux Assyriens et
aux Perses. Siége de Tyr par Alexandre le Grand. —**

les Phéniciens s'adonnèrent-ils? — Quelles étaient les
principales villes de la Phénicie? — Donnez quelques
détails sur les rois de Tyr. — 54. Racontez la guerre que

En 734, Salmanasar, roi d'Assyrie, après avoir détruit le royaume d'Israël, attaqua la Phénicie. La plupart des villes phéniciennes se soumirent à ce prince ; mais Tyr lui opposa une résistance si opiniâtre que, désespérant de la réduire, il lui accorda la paix. Plus tard, les Phéniciens s'étant alliés à Sédécias qui occupait le trône de Juda, Nabuchodonosor II, roi de Babylone, maître de Jérusalem, vint assiéger la ville de Tyr, qu'il ne put prendre qu'au bout de treize ans et qu'il ruina. Les habitants se réfugièrent avec la plus grande partie de leurs richesses dans une île voisine ; ils y bâtirent une nouvelle Tyr qui devint aussi puissante et aussi célèbre que l'ancienne. Les Phéniciens, tout en conservant leur gouvernement et leurs lois, restèrent tributaires des Babyloniens, puis des rois de Perse, quand Cyrus eut conquis l'Asie.

Alexandre le Grand, après avoir détruit l'empire des Perses, passa en Phénicie. Sidon se soumit à lui volontairement : le roi de cette ville, nommé Straton, qui avait manifesté la volonté de résister au conquérant, fut dépouillé de ses États, et Alexandre donna la couronne à Abdolonyme, qui était issu du sang royal, mais que la misère avait réduit à l'humble condition de jardinier. Abdolonyme était un homme sage, qui ne se laissa point éblouir par les honneurs qu'on lui rendait. Lorsque, revêtu des ornements royaux,

la Phénicie eut à soutenir contre les rois d'Assyrie. — Quel fut le sort de la ville de Tyr ? — Que firent les habitants ? — Sous quelle domination la Phénicie passa-

il parut en présence d'Alexandre, ce prince lui demanda comment il avait supporté sa misère : « Puissé-je, répondit Abdolonyme, supporter aussi bien la grandeur où je me vois élevé! » La ville de Tyr entreprit de se défendre; après avoir pendant sept mois vaillamment repoussé toutes les attaques, elle fut prise par trahison et livrée aux flammes (332). Relevée de ses ruines peu après, elle ne put jamais ressaisir son ancienne puissance.

55. Colonies phéniciennes. Industrie et commerce. — Les Phéniciens sont bien plus célèbres par leurs expéditions maritimes, leur industrie et leur commerce, que par les événements de leur histoire. Leurs colonies étaient répandues dans toutes les contrées de l'Occident. Ainsi, dans l'Afrique, ils fondèrent les deux Leptis, Adrumète, Utique, Carthage. En Espagne, leurs colonies, situées dans la région méridionale, étaient encore beaucoup plus nombreuses; les principales étaient Gadès (Cadix), Hispalis (Séville), Malaca (Malaga). En Sicile, ils possédaient Lilybée et Panorme (Palerme). Ils avaient établi des comptoirs non-seulement sur les côtes méridionales de l'Asie Mineure, dans les îles de la mer Égée et du golfe Persique, mais aussi sur toute la côte de la Méditerranée et au delà des Colonnes d'Hercule(détroit de Gibraltar), enfin jusque dans

t-elle ensuite? — Quel roi Alexandre le Grand donna-t-il aux Sidoniens?—Racontez le siége de Tyr.—55. Sous quel rapport les Phéniciens se sont-ils rendus célèbres? — Dans quelles contrées fondèrent-ils des colonies? —

l'océan Atlantique, aux îles Cassitérides (îles Sorlingues), près de la Grande-Bretagne.

C'est à la pratique des arts industriels et au commerce que les Phéniciens durent leur puissance et leur richesse. Inventeurs ingénieux, ouvriers habiles, ils découvrirent la manière de préparer la laine, de travailler le verre, de donner aux étoffes cette précieuse teinture de pourpre si renommée chez les anciens, de fabriquer toute sorte d'ustensiles, d'objets de parure et de luxe. Ces produits de leur industrie alimentaient leur commerce, qui se faisait principalement par échanges. Ils tiraient de l'Espagne les vins, le blé, les produits de ses mines, l'argent, le fer et le plomb ; les colonies du rivage de l'Océan, les îles Cassitérides, leur fournissaient l'ambre et l'étain ; les côtes de l'Afrique, l'or, l'ébène et l'ivoire. Ces produits si variés et si précieux, ils allaient les échanger ailleurs contre d'autres marchandises qui leur procuraient un nouveau bénéfice. Enfin, au commerce maritime les Phéniciens avaient joint le commerce par terre, et des caravanes allaient chercher pour eux jusqu'à Babylone toutes les denrées de l'Asie.

Quelle était l'étendue de leurs relations commerciales? — Quels étaient les principaux objets de leur industrie et de leur commerce?

CHAPITRE XIX.

Histoire des Carthaginois.

Fondation de Carthage ; son gouvernement. Guerre contre Cyrène. — Commerce de Carthage. Ses armées. Ses conquêtes. — Conspiration d'Hannon. Les Carthaginois et Pyrrhus en Sicile.

56. Fondation de Carthage; son gouvernement. Guerre contre Cyrène. — Didon, forcée d'abandonner Tyr, sa patrie, comme on l'a déjà vu, aborda sur la côte d'Afrique, dans la Méditerranée (888), avec les Tyriens qui l'avaient suivie. Pour ne pas exciter la défiance des habitants du pays, elle acheta seulement autant de terrain que pourrait en contenir la peau d'un bœuf; mais elle fit découper cette peau en lanières très-étroites, de sorte qu'elle put en entourer un terrain assez considérable. Elle y bâtit une citadelle, et bientôt après fonda une ville qui fut appelée Carthage, c'est-à-dire *ville neuve.*

Après la mort de Didon, Carthage devint une république, et conserva toujours cette forme de gouvernement. L'autorité résidait entre les mains de deux magistrats annuels appelés suffètes, du sénat et du peuple. Les Carthaginois ne tardèrent

QUESTIONS. — 56. Racontez l'histoire de Didon et la fondation de Carthage. — Quelle forme de gouvernement fut établie à Carthage ? — A qui était confiée l'autorité

pas à étendre leur puissance en Afrique par des guerres heureuses avec les peuples voisins ; ils eurent principalement à combattre contre les Cyrénéens, et voici à quelle occasion. Entre le territoire de Carthage et celui de Cyrène, ville grande et riche, s'étendait une plaine sablonneuse tout unie, sans fleuve ni montagne qui marquât les limites des deux États : ce fut pour eux le motif d'une guerre longue et sanglante. Enfin, on convint de part et d'autre qu'à un jour marqué des députés partiraient de chaque ville, et que l'endroit où ils se rencontreraient serait la limite commune des deux États. Carthage envoya deux frères nommés Philènes, qui firent la plus grande diligence. Les Cyrénéens allèrent plus lentement ; se voyant fort devancés et craignant à leur retour d'être punis du tort fait à leur ville, ils accusèrent les Carthaginois d'être partis de chez eux avant le temps prescrit, et soutinrent que la convention était nulle, résolus à tout plutôt que de s'en retourner vaincus. Les Carthaginois consentirent à de nouvelles conditions, pourvu qu'elles fussent égales. Alors les Cyrénéens laissèrent aux Carthaginois le choix d'être enterrés vifs à l'endroit dont ils voulaient faire la limite de leur ville, ou de les laisser, aux mêmes conditions, s'avancer jusqu'où ils voudraient. Les Philènes acceptèrent la proposition et consentirent à être enterrés vifs, faisant géné-

suprême ? — A quelle occasion s'éleva une guerre entre les Carthaginois et les Cyrénéens ? — Quelle convention firent les deux peuples ? — Racontez le dévouement des

reusement à leur patrie le sacrifice de leur vie. Les Carthaginois élevèrent dans ce lieu des autels aux frères Philènes.

57. Commerce de Carthage. Ses armées. Ses conquêtes. — Il ne faudrait pas croire, d'après ce qui vient d'être dit, que Carthage fût une nation éminemment belliqueuse. Les Carthaginois, comme les Phéniciens, étaient surtout adonnés à la navigation et au commerce, source de leurs richesses et de leur puissance; ils ne faisaient la guerre et n'étendaient au loin leurs conquêtes que pour augmenter en même temps leurs relations commerciales. Les armées de Carthage, à part quelques corps formés de ses propres citoyens, n'étaient composées que de soldats mercenaires qu'elle tirait de divers pays, de la Numidie, des îles Baléares, de l'Espagne, des côtes de la Ligurie, des Gaules et de la Grèce même. En même temps Carthage équipait de nombreux vaisseaux pour aller chercher partout les denrées et les objets de luxe qui alimentaient son commerce ou pour transporter ses soldats là où elle voulait établir sa domination.

Les Carthaginois avaient déjà conquis la Sardaigne, les îles Baléares, une partie de l'Espagne et de la Sicile, lorsque les Romains firent avec eux le premier traité (510), par lequel ils les reconnaissaient maîtres de ces pays. Trente ans

frères Philènes. — 57. Comment Carthage devint-elle riche et puissante? — De quels soldats ses armées étaient-elles composées? — De quels pays les Carthaginois se rendirent-ils maîtres? — Quelles conquêtes firent-ils en

après (480), au moment où Xerxès s'apprêtait à
envahir la Grèce, les Carthaginois, qui désiraient
posséder la Sicile entière, prirent envers le roi
de Perse l'engagement d'attaquer les Grecs qui
étaient établis dans cette île. Une puissante armée, sous les ordres d'Amilcar, débarqua à Palerme et assiégea la ville d'Himère; mais elle fut
complétement battue par Gélon, tyran de Syracuse. Les Carthaginois préparèrent deux nouvelles expéditions, dont le commandement fut
donné à Annibal[1], petit-fils d'Amilcar, et à Hi-
milcon. Ils se rendirent maîtres de Sélinonte,
d'Himère, d'Agrigente, et après avoir dépouillé
ces villes des richesses qu'elles renfermaient, ils
les ruinèrent. Ces succès furent plus tard suivis
de revers : Timoléon, de Corinthe, leur enleva
une grande partie de leurs possessions en Sicile
(340).

**58. Conspiration d'Hannon. Les Carthaginois et
Pyrrhus en Sicile.** — Vers cette époque, Hannon,
l'un des plus puissants citoyens de Carthage,
forma le projet de s'emparer du pouvoir souverain. Il voulait empoisonner tous les sénateurs
invités aux noces de sa fille : ce complot ayant
échoué, il résolut d'employer la force ouverte. A
la tête de vingt mille esclaves armés, il se retira
dans une place forte, d'où il appela les Africains

Sicile? — Ces succès ne furent-ils pas suivis de revers?
— 58. Racontez la conspiration d'Hannon. — Quelle
ville importante les Carthaginois assiégèrent-ils en

1. Il ne faut pas le confondre avec le célèbre Annibal qui
joua un si grand rôle pendant la seconde guerre punique.

à la révolte. Mais ses efforts furent inutiles; il fut pris et conduit à Carthage, où il périt dans les plus cruels supplices.

Les Carthaginois reprirent leurs projets sur la Sicile et assiégèrent Syracuse, la ville la plus importante de cette contrée. Les Syracusains implorèrent alors le secours de Pyrrhus, roi d'Épire. Ce prince passa en Sicile (273 av. J. C.), et ses succès y furent si rapides qu'il ne resta bientôt plus aux Carthaginois que la ville de Lilybée. Mais pendant qu'il faisait le siége de cette place, Pyrrhus reçut des nouvelles qui l'obligèrent de retourner en Italie. Au moment de son départ, étant déjà sur le vaisseau, il tourna ses regards vers la Sicile et dit à ceux qui étaient auprès de lui : « Oh! le beau champ de bataille que nous laissons là aux Carthaginois et aux Romains! » Sa prédiction devait bientôt se vérifier. A peine eut-il quitté la Sicile que les Carthaginois reprirent tout ce qu'ils avaient perdu. Mais ils ne tardèrent pas à avoir des ennemis plus redoutables dans les Romains, qui jusqu'alors avaient été leurs alliés, et c'est à ce moment que commencèrent les mémorables guerres puniques, qui seront racontées dans l'histoire romaine.

Sicile? — Quel roi les Syracusains appelèrent-ils à leur secours? — Quels furent les succès de Pyrrhus en Sicile? — Quelles paroles prononça-t-il en quittant cette contrée? — Sa prédiction devait-elle bientôt se vérifier?

CHAPITRE XX.

Histoire des Grecs.

La Grèce; sa division; ses villes principales; ses îles et ses colonies. — Premiers habitants de la Grèce : les Pélasges et les Hellènes. Colonies étrangères. — Cécrops; Deucalion; Amphictyon; Cadmus; Danaüs; Pélops.

59. La Grèce; sa division; ses villes principales; ses îles et ses colonies. — La Grèce[1], petite contrée de l'Europe méridionale, avait pour bornes au nord les monts Acrocérauniens, qui la séparaient de la Macédoine[2] et de l'Illyrie, à l'est la mer Égée (Archipel), au sud la mer de Crète, à l'ouest la mer Ionienne. Ses rivages étaient découpés par la mer en golfes nombreux, dont plusieurs rappellent le souvenir de faits mémorables, et dans l'intérieur le sol était hérissé de montagnes, parmi lesquelles les plus célèbres étaient le Pinde, le Parnasse, l'Hélicon, le Cithéron, l'Hymette, le Taygète, et les monts Olympe, Pélion et Ossa. Point de grands fleuves, mais un grand nombre de cours d'eau peu considérables, entre autres l'Achéloüs, l'Alphée, l'Eurotas, l'Asopus, le Sperchius, le Pénée, qui arrosait la vallée de Tempé.

QUESTIONS. — 59. Donnez quelques détails sur l'aspect

1. Elle fut primitivement nommée Hellade.
2. La Macédoine, à une certaine époque, fit aussi partie de la confédération hellénique.

La Grèce était divisée en trois parties distinctes : la Grèce septentrionale (Épire et Thessalie); la Grèce centrale ou proprement dite (Mégaride, Attique, Béotie, Phocide, Locride, Doride, Étolie (Acarnanie) ; la Grèce méridionale ou Péloponèse (Arcadie, Laconie, Messénie, Élide, Achaïe, Sicyonie, Corinthie, Argolide).

A la Grèce se rattachaient de nombreuses îles : dans la mer Égée, les Cyclades, les Sporades, la grande île d'Eubée (Négrepont); Cythère, dans le golfe de Laconie; Salamine et Égine, dans le golfe Saronique; la Crète, au sud de la mer Égée; dans la mer Ionienne, Zacinthe (Zante), Céphalénie, Ithaque, Corcyre (Corfou).

La Grèce avait des colonies en Europe, en Asie et en Afrique. Mais les plus nombreuses et les plus importantes étaient celles qui s'étaient établies sur les côtes de l'Asie Mineure, et surtout dans l'Italie méridionale et dans la Sicile : aussi ces deux dernières contrées avaient-elles reçu le nom de Grande-Grèce,

60. Premiers habitants de la Grèce : les Pélasges et les Hellènes. Colonies étrangères. — Les premiers habitants[1] connus de la Grèce furent les Pélasges, et c'est à eux qu'on attribue la fondation des villes les plus anciennes, entre autres de

de la Grèce. — En combien de parties était-elle divisée? — Nommez les îles et les colonies principales. — 60. Quels furent les premiers habitants de la Grèce? —

1. Les tribus qui d'abord peuplèrent la Grèce descendaient de Javan ou Ion, fils de Japhet.

Sicyone[1] et d'Argos. Plus tard, vers le 16e siècle, apparurent les Hellènes[2], peuplades belliqueuses venues, à ce qu'on croit, de la Thessalie. Les Hellènes substituèrent leur domination à celle des Pélasges, qui émigrèrent en grande partie et allèrent former de nouveaux établissements dans l'Europe occidentale. Déjà les habitudes de la vie sauvage avaient fait place à des mœurs plus sédentaires, lorsque des colonies étrangères, principalement de la Phénicie et de l'Égypte, vinrent apporter sur le sol grec les germes de la civilisation. Ainsi Inachus, Phénicien d'origine, conduisit dans le Péloponèse une colonie d'Égyptiens et de Phéniciens, et ces étrangers apprirent aux sauvages habitants du pays à faire usage du feu et leur enseignèrent les arts les plus nécessaires à la vie. Un peu plus tard, Ogygès, qui était, comme Inachus, parti de l'Égypte, s'établit, avec la colonie dont il était le chef, en Béotie et dans l'Attique, rassembla sur deux points principaux les peuplades de ces deux contrées et fonda en Béotie la ville de Thèbes et dans l'Attique celle d'Éleusis.

Sous le règne d'Ogygès (1796), un tremblement de terre ayant fermé les canaux souterrains par lesquels le lac Copaïs communiquait avec la mer, les eaux de ce lac débordèrent et couvrirent la Béotie et une partie de l'Attique. Ces deux

Quelles sont les colonies étrangères qui vinrent s'établir dans cette contrée ? — Quel événement eut lieu sous le

1. Sicyone fut d'abord appelée Ægialée, du nom de son fondateur Ægialus.
2. C'est de leur nom que la Grèce fut appelée Hellade.

contrées furent presque entièrement dépeuplées par cette inondation, appelée déluge d'Ogygès.

61. Cécrops; Deucalion; Amphictyon; Cadmus; Danaüs; Pélops. — Environ deux siècles après (1582), une nouvelle colonie égyptienne, ayant pour chef Cécrops, originaire de la ville de Saïs, aborda dans l'Attique. Cécrops apprit aux habitants de cette contrée à ensemencer la terre et à cultiver l'olivier. Il institua le mariage, établit le tribunal de l'Aréopage, qui donna aux Grecs les premières notions de la justice, et, pour défendre les douze bourgades dans lesquelles il avait groupé les habitants de l'Attique, il construisit une forteresse appelée Cécropia, qui servit depuis de citadelle à la ville d'Athènes.

Sous le règne de Cranaüs (1529), successeur de Cécrops, une inondation, connue sous le nom de déluge de Deucalion, dépeupla une grande partie de la Grèce. Ceux des habitants qui survécurent à ce désastre se réfugièrent auprès de Deucalion, roi de Thessalie.

Amphictyon, fils de Deucalion, redoutant une invasion des peuples sauvages de la Thrace, rassembla aux Thermopyles[1] les représentants des diverses peuplades de la Grèce et les engagea à se réunir pour la défense de la patrie commune. Telle fut l'origine du conseil des Amphictyons.

règne d'Ogygès?—61. Qu'était-ce que Cécrops?—Quelles institutions établit-il? — De quelle catastrophe la Grèce fut-elle affligée? — Qu'était-ce que le conseil des Am-

1. Défilé qui fermait l'entrée de la Grèce du côté de la Thessalie.

Vers le même temps, deux nouvelles colonies égyptiennes abordèrent en Grèce (1519). La première avait pour chef Cadmus, qui s'établit en Béotie, où il bâtit la Cadmée, qui fut depuis la citadelle de Thèbes; il introduisit en Grèce l'écriture phénicienne. La seconde de ces colonies était conduite par Danaüs, qui s'établit dans l'Argolide. Peu d'années auparavant, Lélex avait jeté les fondements de la ville de Sparte dans la Laconie. Enfin, plus tard, Pélops, fils de Tantale, roi de Lydie, vint se fixer dans l'Élide et laissa son nom au Péloponèse (île de Pélops).

CHAPITRE XXI.

Temps héroïques. Hercule; Thésée. — Expédition des Argonautes. Guerre de Thèbes ou des Sept Chefs. — Guerre de Troie.

62. Temps héroïques. Hercule; Thésée. — La race des Hellènes était divisée en quatre tribus distinctes qui tiraient leurs noms des premiers chefs[1] auxquels elles avaient obéi et qui formèrent quatre peuples : les Doriens, les Éoliens, les Ioniens et les Achéens. Les Doriens, sous le nom de Spartiates, et les Ioniens, sous celui d'A-

phictyons? — Quelles nouvelles colonies abordèrent en Grèce et où s'établirent-elles?

QUESTIONS. — 62. En combien de tribus la race des

1. Æolus, Dorus, Ion et Achæus, fils et petit-fils d'Hellen, qui était lui-même fils de Deucalion.

théniens, devaient un jour dominer dans la Grèce. Mais dans les premiers temps la plus grande puissance appartint aux Achéens, qui occupaient presque tout le Péloponèse. Il en fut ainsi pendant toute la période qu'on appelle les temps héroïques, du quatorzième à la fin du douzième siècle. Dans cette période l'histoire, mêlée de beaucoup de fables, se réduit à des exploits individuels, accomplis par des hommes que leur force et leur courage élevaient au-dessus de tous les autres : tels sont, entre autres, Hercule et Thésée, héros pendant leur vie, honorés comme demi-dieux après leur mort.

Hercule est le plus célèbre des héros grecs. Après avoir forcé Eurysthée à lui restituer le territoire de Tirynthe, que ce prince avait usurpé, il alla assiéger et piller la ville de Troie pour punir le roi Laomédon de ses perfidies. A son retour en Grèce, il força les divers États du Péloponèse à rester sous sa dépendance, et, en même temps, il combattait les bêtes sauvages qui ravageaient les campagnes, les brigands qui épouvantaient les peuples par leurs forfaits. Les poëtes ont défiguré le récit des actions d'Hercule, en y mêlant des exploits merveilleux, dont les plus célèbres sont connus sous le nom des douze travaux d'Hercule[1].

Thésée était fils d'Égée, roi d'Athènes. A

Hellènes était-elle divisée? — Quel était leur nom? — Qu'appelle-t-on temps héroïques? — Donnez quelques

1. Voir la Mythologie mise à la portée des enfants.

l'exemple d'Hercule, il signala d'abord son courage en faisant la guerre aux brigands qui désolaient la Grèce. Ensuite il réprima la révolte des Pallantides [1], qui disputaient le souverain pouvoir à Égée; enfin, il affranchit les Athéniens de l'obligation qui leur avait été imposée par Minos, d'envoyer tous les ans en Crète sept jeunes garçons et sept jeunes filles destinés à périr misérablement.

Devenu roi après la mort de son père Égée (1260), Thésée réunit les différentes peuplades de l'Attique, et, pour en former un seul peuple, il leur donna un gouvernement commun et institua un sacrifice commun, fête religieuse célébrée sous le nom de Panathénées. Au lieu de jouir paisiblement à Athènes de la prospérité publique qui était son ouvrage, il entreprit d'injustes expéditions qui ternirent sa gloire et causèrent sa ruine. A son retour dans l'Attique, il fut froidement accueilli par le peuple et en butte à la haine de ses ennemis, qui lui enlevèrent le pouvoir souverain. Il alla chercher un asile auprès du roi Lycomède, dans l'île de Scyros, où il mourut.

Sous le règne de Thésée, les Héraclides (fils ou descendants d'Hercule), chassés du Péloponèse par Eurysthée, petit-fils de Pélops, cherchèrent un asile en Attique. Peu après, ils tentèrent de reconquérir le Péloponèse; mais leur chef Hyllus ayant été tué dans un combat singulier par le

détails sur Persée, Hercule et Thésée. — Quelle tentative firent les Héraclides? — Quel en fut le résultat?—

1. Les fils de Pallas, frère d'Egée.

chef des Péloponésiens, ils jurèrent, suivant ce qui avait été convenu, de ne faire aucune tentative contre le Péloponèse pendant l'espace de cent ans.

63. Expédition des Argonautes. Guerre de Thèbes ou des Sept Chefs. — La première entreprise que les Grecs exécutèrent en commun fut celle qui est connue sous le nom d'expédition des Argonautes[1]. Elle avait pour but de purger les mers de la Grèce des pirates qui les infestaient et qui allaient chercher un asile dans le Pont-Euxin. Le chef de l'entreprise fut Jason, prince thessalien, auquel se joignirent les chefs les plus illustres des divers États de la Grèce. Ils s'embarquèrent sur un navire nommé Argo[2], et, arrivés en Colchide, ils ravirent les trésors d'Éétès, roi de la contrée, enlevèrent sa fille Médée, qui épousa Jason, et revinrent en Grèce après un pénible voyage pendant lequel ils coururent les plus grands dangers.

La guerre de Thèbes fut la seconde expédition entreprise en commun par divers peuples de la Grèce. Œdipe, roi de Thèbes, si célèbre par ses crimes involontaires et ses malheurs[3], avait deux fils, Étéocle et Polynice, qui chassèrent du

63. Racontez l'expédition des Argonautes. — Quel fut le motif de la guerre de Thèbes? — Pourquoi est-elle aussi appelée la guerre des Sept Chefs? — Quelle en fut

1. Suivant la Fable, l'objet de cette expédition était la conquête de la toison d'or du bélier qui avait porté en Colchide Phryxus, fils d'Athamas, roi de Thèbes.
2. De là le nom d'Argonautes donné à tous ceux qui firent partie de l'expédition.
3. Voir la Mythologie mise à la portée des enfants.

trône leur père, et, après cet acte odieux, convinrent de régner tour à tour chacun une année. Étéocle, qui était l'aîné, occupa le premier le trône, et refusa de le céder à son frère quand l'année fut révolue. Polynice, forcé de s'exiler, eut bientôt trouvé des secours pour revendiquer ses droits. Soutenu par Adraste, roi d'Argos, qui lui donna sa fille en mariage, et par six autres chefs qui amenèrent des troupes nombreuses, il vint assiéger Thèbes. Déjà beaucoup de sang avait été répandu dans cette guerre funeste, lorsque les deux frères Étéocle et Polynice résolurent de terminer leur querelle par un combat singulier. Ils s'attaquèrent avec tant de fureur qu'ils s'entre-tuèrent, et Créon, leur oncle, s'empara de l'autorité comme tuteur de Laodamas, fils d'Étéocle. Les chefs alliés de Polynice avaient tous péri, à l'exception d'Adraste. Mais dix ans après, leurs fils, qu'on appelle les Épigones (descendants), s'allièrent à leur tour pour les venger, et, renouvelant la guerre[1], ils battirent l'armée thébaine, s'emparèrent de Thèbes et mirent sur le trône Thersandre, fils de Polynice.

64. Guerre de Troie. — La guerre de Troie est l'événement le plus célèbre des temps héroïques. Sur la côte de l'Asie, à l'opposite de la Grèce, se trouvait une petite contrée appelée Troade, avec la ville de Troie, où régnait un prince

l'issue? — 64. Où régnait Priam? — Pour quel motif tous les peuples de la Grèce s'armèrent-ils contre ce

1. Elle fut appelée guerre des Épigones.

nommé Priam. Il existait entre la maison de Priam et celle d'Argos, dont le chef était alors Agamemnon, fils d'Atrée, une haine héréditaire qui n'attendait qu'une occasion pour éclater. Pàris, fils de Priam, étant venu en Grèce, et abusant odieusement de l'hospitalité qu'il avait reçue chez Ménélas, roi de Sparte, enleva Hélène, femme de ce prince, et la conduisit à Troie. Tous les peuples de la Grèce prirent les armes pour venger cet outrage. Une armée de cent mille hommes se rassembla à Aulis, en Béotie, et douze cents vaisseaux la transportèrent sur les côtes de la Troade. Le commandement suprême fut déféré à Agamemnon, frère de Ménélas, et parmi les autres chefs on remarquait Nestor, roi de Pylos; Ajax, fils d'Oïlée, roi de Locride; Ulysse, roi d'Ithaque; Ajax, fils de Télamon, roi de Salamine; Diomède, roi d'Étolie; Idoménée, qui régnait en Crète; enfin Achille, le plus vaillant des Grecs, et son ami Patrocle.

La ville de Troie[1], située au pied du mont Ida, défendue par des remparts et des tours, était encore protégée par une armée que commandait le vaillant Hector, fils de Priam, et par une foule de princes alliés des Troyens, qui leur avaient amené des secours. Une fois débarqués, les Grecs formèrent un camp retranché avec leurs vaisseaux, qu'ils retirèrent sur le rivage. Les assiégeants et

prince? — Quels étaient les principaux chefs des Grecs? — Racontez les diverses circonstances du siége de Troie

1. Nommée aussi Ilion.

les assiégés passèrent neuf années à s'épuiser dans des combats inutiles. Dans la dixième année du siége, Achille, irrité contre Agamemnon qui l'avait outragé, se retira dans sa tente. Les Troyens, profitant de son inaction, battirent plusieurs fois les Grecs, et Patrocle succomba sous les coups d'Hector. Dans sa douleur, Achille oublia son ressentiment pour venger son ami et tua Hector, qu'il traîna, attaché à son char, autour des murailles de Troie. Peu après, la ville, surprise par une ruse d'Ulysse, tomba au pouvoir des Grecs, qui l'incendièrent. Le roi Priam fut égorgé avec ses fils; Hécube, son épouse, Cassandre, sa fille, Andromaque, veuve d'Hector, furent emmenées en esclavage[1].

Le retour de la plupart des chefs grecs qui avaient survécu à cette guerre fatale fut marqué par de cruels revers : Ajax, roi des Locriens, périt avec ses vaisseaux; Ulysse erra dix ans sur les mers avant d'arriver à Ithaque, où l'attendaient d'autres dangers; Agamemnon périt de la main de Clytemnestre, son épouse; d'autres, comme Idoménée, Diomède, Teucer, trahis par leurs parents et repoussés par des usurpateurs, se virent forcés d'aller chercher dans des pays lointains une nouvelle patrie.

et la prise de cette ville. — Quel fut le sort de la plupart des chefs grecs à leur retour dans leur patrie?

1. Dans deux poëmes immortels, l'*Iliade* et l'*Odyssée*, Homère, le premier et le plus grand des poëtes de la Grèce, a chanté la colère d'Achille et les derniers combats des Grecs sous les murs de Troie, et les voyages d'Ulysse.

CHAPITRE XXII.

Fin des temps héroïques. Retour des Héraclides. Dévouement de Codrus, roi d'Athènes. Colonies grecques en Asie Mineure. — Les Spartiates. Lycurgue. — Législation de Lycurgue. Olympiades.

67. Fin des temps héroïques. Retour des Héraclides. Dévouement de Codrus, roi d'Athènes. Colonies grecques en Asie Mineure. — Les anciennes traditions rapportent que les descendants d'Hercule ou Héraclides, qui avaient été chassés du Péloponèse par les descendants de Pélops, firent plusieurs tentatives pour recouvrer leur héritage et qu'ils finirent par réussir. Ce qui est certain, c'est que quatre-vingts ans après la guerre de Troie (1104) les Doriens, qui prétendaient descendre d'Hercule, conduits par trois chefs, Téménus, Aristodème et Cresphonte, se rendirent maîtres du Péloponèse. Argos échut en partage à Téménus, la Messénie à Cresphonte et la Laconie à Eurysthène et à Proclès, fils d'Aristodème[1], qui régnèrent conjointement à Sparte. Les descendants d'Agamemnon, chassés de l'Argolide, et ceux de Nestor, de la Messénie, se réfugièrent, les premiers en Thrace, les seconds en Attique.

67. QUESTIONS. — Quel peuple se rendit maître du Péloponèse ? — Quels étaient ses chefs ? — Où s'établirent-

---

1. Aristodème était mort au commencement de l'expédition.

Peu de temps après les **Doriens** attaquèrent Codrus, roi d'Athènes, qui avait donné asile à leurs ennemis. Ce prince, ayant appris qu'un oracle promettait la victoire à celle des deux armées dont le chef périrait, se dévoua pour son peuple. Prenant un costume de bûcheron, il s'avança vers le camp des Doriens, provoqua un de leurs soldats et se fit tuer. Les Doriens, dès qu'ils surent que le roi d'Athènes avait ainsi sacrifié sa **vie**, craignirent d'être **vaincus** et se retirèrent.

La population de l'Attique, augmentée des Ioniens qui s'étaient réfugiés dans cette contrée après leur expulsion du Péloponèse, se trouva bientôt trop nombreuse. Ces étrangers allèrent en grand nombre fonder une colonie sur les côtes de l'Asie Mineure. Déjà une partie de cette contrée était occupée par les Éoliens, chassés aussi du Péloponèse, et peu après des Doriens d'Argos, d'Épidaure, de Trézène, et d'anciens habitants de ces villes s'établirent dans la péninsule de Carie. Ainsi la côte occidentale de l'Asie Mineure fut occupée par les Éoliens au nord, au centre par les Ioniens et au midi par les Doriens.

68. Les Spartiates. Lycurgue. — De tous les États qui se constituèrent dans les diverses parties de la Grèce, Sparte et Athènes surent prendre de bonne heure le premier rang. Après la conquête de la Laconie par les Doriens, les vain-

ils? — Racontez le dévouement de Codrus. — Quelles sont les colonies grecques qui furent fondées sur les côtes de l'Asie Mineure? — 68. Quelles étaient les trois classes

queurs retirèrent à la population laconienne l'égalité des droits et lui imposèrent un tribut. Les peuplades qui essayèrent de résister ou de secouer le joug furent réduites à l'état d'esclaves. De là trois classes dans la population : les Spartiates, les conquérants ou les maîtres, qui se concentrèrent dans la capitale, nommée Sparte ou Lacédémone ; les Laconiens, libres mais assujettis à payer tribut ; les ilotes ou hilotes[1], esclaves.

Deux hommes célèbres, Lycurgue et Solon, donnèrent des lois, le premier à Lacédémone, le second à Athènes. Lycurgue, qui, suivant l'opinion la plus accréditée, vivait au commencement du neuvième siècle (898), était de la race royale de Sparte. Après la mort de son frère Polydecte, qui occupait le trône, il gouverna comme tuteur de son neveu. Son administration sage mais sévère souleva bientôt contre lui les mécontentements des riches. En butte à la calomnie, il quitta sa patrie et parcourut pendant dix ans la Crète, l'Ionie et l'Égypte, étudiant les mœurs et les lois des peuples qu'il visitait. A son retour, il trouva Sparte livrée à l'anarchie et résolut de mettre un terme à tous les désordres par de nouvelles institutions. C'est alors qu'il donna aux Lacédémoniens les lois auxquelles ils obéirent durant cinq siècles.

de la population dans la Laconie ? — Donnez quelques détails sur Lycurgue. — Dans quel but visita-t-il diverses contrées ? — Sur quelle autorité s'appuya-t-il pour faire

1. Ce nom d'hilotes, donné d'abord à ceux qui avaient été faits prisonniers à la guerre, servit ensuite à désigner tous les esclaves.

69. Législation de Lycurgue. Olympiades. — La

royauté resta, comme elle l'avait été jusqu'alors, le partage des deux familles qui descendaient de Proclès et d'Eurysthène[1]; mais le pouvoir des deux rois était soumis à la surveillance d'un sénat composé de vingt-huit membres. Le peuple[2], assemblé par les rois ou les membres du sénat, décidait toutes les affaires importantes.

Lycurgue eut principalement pour objet d'établir l'égalité entre tous les Spartiates et de les rendre supérieurs aux autres peuples en vigueur et en courage. Afin d'atteindre le premier but, il partagea toutes les terres en un certain nombre de portions égales ; chacune de ces portions fut donnée à un citoyen. Nul ne pouvait agrandir ou diminuer sa propriété, ni la vendre. Il défendit toute monnaie d'or et d'argent, et permit seulement l'usage d'une monnaie de fer si lourde, que pour transporter une petite somme il fallait un chariot attelé de deux bœufs. Les repas, où régnait la plus austère frugalité[3], étaient communs et obligatoires pour tous les citoyens, même pour les rois. L'éducation était commune et publique comme les repas. Tous les arts de luxe étaient proscrits, à l'exception de la musique.

accepter ses lois? — 69. Comment Lycurgue établit-il l'égalité entre tous? — Quelle était l'éducation donnée

1. Voir le paragraphe 67.
2. Les lois de Lycurgue ne concernaient que les Spartiates.
3. Le brouet noir, mélange de viande et de sang assaisonné avec du sel et du vinaigre, était le mets que les Spartiates préféraient à tous les autres.

L'agriculture et les arts mécaniques étaient abandonnés aux ilotes ou esclaves. Les Spartiates ne devaient s'occuper que des affaires publiques et de la guerre.

Pour en faire des soldats vigoureux et intrépides, on commençait leur éducation dès leur premier âge. Les enfants qui naissaient contrefaits ou faibles de constitution étaient mis à mort[1]. Les autres, élevés sous la même discipline, quand ils avaient atteint l'âge de sept ans, étaient soumis jusqu'à vingt ans à divers exercices destinés à leur donner de la force et de l'agilité. On les accoutumait à souffrir la douleur, à braver le danger, à mépriser la mort. Les mêmes exercices étaient prescrits pour les jeunes filles, chez lesquelles on ne développait que les forces du corps.

Après avoir donné ces lois à Sparte, Lycurgue fit engager, par un serment solennel, les rois, le sénat et le peuple à les observer jusqu'à son retour, et il quitta sa patrie pour n'y plus revenir. A sa mort, il ordonna que ses cendres fussent jetées à la mer, de peur que les Lacédémoniens, en les rapportant à Sparte, ne se crussent déliés de leur serment.

Vers la même époque (884), Iphytus[2] rétablit

aux Spartiates? — Que fit Lycurgue après avoir donné ses lois? — Quelle institution fut rétablie à cette époque?

1. Coutume barbare et absurde, comme si les qualités de l'âme et les facultés de l'intelligence n'étaient pas bien préférables à l'unique développement des forces corporelles!
2. Il descendait d'Oxylus, à qui l'Élide était échue dans le partage du Péloponèse, lors de la conquête des Doriens.

en Élide les solennités des jeux Olympiques, interrompues pendant les guerres qui suivirent la conquête dorienne. Ces jeux se célébraient tous les quatre ans, et les vainqueurs recevaient une couronne d'olivier, d'ache et de laurier. L'histoire n'a pas conservé les noms des vainqueurs pendant le siècle qui suivit le rétablissement des jeux. Le premier dont le nom soit connu est Corœbus, qui remporta la victoire l'an 776 av. J. C. Aussi cette année est-elle regardée comme le commencement de la première olympiade[1], et c'est à dater de cette époque que la chronologie des Grecs cesse d'être incertaine.

CHAPITRE XXIII.

Première guerre de Messénie. Sacrifice d'Aristodème. — Seconde guerre de Messénie. Aristomène. Le poëte Tyrtée. — Captivité et délivrance d'Aristomène. Prise d'Ira. Dispersion des Messéniens.

70. Première guerre de Messénie. Sacrifice d'Aristodème — Sparte, dans ses vues ambitieuses d'agrandissement, convoitait les riches campagnes de la Messénie, qui n'était séparée de

— Comment fut fixé le commencement de la première olympiade ?

70. QUESTIONS. Quelle fut la cause de la première guerre

1. On appelle olympiade la période de quatre années qui s'écoulait de la célébration d'une fête à l'autre. Les olympiades furent l'ère des Grecs, c'est-à-dire l'époque qui servit à préciser la date des faits historiques.

la Laconie que par une montagne, le Taygète.
Les Lacédémoniens et les Messéniens étaient de
même race, de la race dorienne ; mais des injures
fréquentes, des violences mutuelles, avaient déjà
envenimé la haine des deux peuples, lorsque les
Lacédémoniens, sans déclaration de guerre, envahirent le territoire de la Messénie et surprirent
la ville d'Amphée, dont ils massacrèrent les habitants (743). Les Messéniens combattirent avec
courage pour repousser cette injuste agression ;
bientôt, ne pouvant plus défendre leurs campagnes que les envahisseurs ravageaient de toutes
parts, ils furent contraints de s'enfermer dans
la forteresse d'Ithôme, située sur une montagne inaccessible.

Les Messéniens, dans leur détresse, envoyèrent
consulter l'oracle de Delphes, qui leur ordonna
d'apaiser la colère des dieux en immolant une
jeune fille du sang royal. Le sort désigna la fille
de Lyciscus ; mais Lyciscus, pour la dérober à
ce cruel destin, s'enfuit avec elle à Sparte. Alors
Aristodème, guerrier illustre entre tous les Messéniens, offrit sa fille et eut l'affreux courage de
la frapper lui-même de son épée. Ce sanglant
sacrifice ralentit l'ardeur des Lacédémoniens.
Après quelque repos, la guerre recommença, et
les Messéniens eurent l'avantage dans les divers
combats qui furent livrés. Leur roi Euphaès
ayant été tué, Aristodème fut élu à sa place par
la voix unanime du peuple. Pendant cinq ans, ce

entre les Lacédémoniens et les Messéniens ? — Quels en
furent les premiers actes ? — Racontez le sacrifice d'Aris-

chef intrépide déjoua tous les efforts des Lacédémoniens, et remporta sur eux une grande victoire sous les murs d'Ithôme.

Cependant les deux peuples étaient également fatigués de cette longue lutte, lorsque Aristodème, poursuivi par des visions funèbres, se tua sur le tombeau de sa fille. Les Messéniens perdaient en lui leur plus puissant défenseur. Ithôme, réduite aux dernières extrémités par la famine, fut forcée de se rendre. Les Messéniens furent traités avec la plus grande rigueur; ils devaient envoyer tous les ans aux Lacédémoniens la moitié du produit de leurs terres, et, pour comble d'ignominie, ils étaient obligés, hommes et femmes, de paraître en habits de deuil à la mort des rois et des principaux magistrats de Sparte. Ainsi se termina cette guerre, qui avait duré vingt ans (723).

71. Seconde guerre de Messénie. Aristomène. Le poëte Tyrtée. — Quarante années s'étaient écoulées depuis que la Messénie gémissait sous la dure servitude de Sparte. Alors les Messéniens, s'étant assuré l'alliance des Argiens et des Arcadiens, résolurent de reconquérir leur indépendance ou de mourir les armes à la main. Les jeunes hommes étaient pleins d'ardeur et d'enthousiasme; mais parmi tous se distinguait, comme le plus vaillant, Aristomène, qui descendait des anciens rois, et à qui le commandement de l'armée fut déféré.

todème, les succès et la mort de ce chef. — Quel fut le sort des Messéniens après la prise d'Ithôme? — 71. Quel chef les Messéniens se donnèrent-ils pour recouvrer leur

On raconte qu'Aristomène, voulant frapper les esprits des ennemis par quelque entreprise audacieuse, traversa seul les montagnes qui le séparaient de la Laconie et, pénétrant de nuit dans Lacédémone, suspendit dans le temple de Minerve un bouclier avec cette inscription : « Des dépouilles des Lacédémoniens, Aristomène à Minerve. » Après avoir battu l'ennemi dans plusieurs rencontres, Aristomène remporta sur les Lacédémoniens et leurs alliés une éclatante victoire dans la plaine de Stényclare. Les Lacédémoniens, abattus par cette défaite, consultèrent l'oracle de Delphes, qui leur ordonna de demander un chef aux Athéniens. Ceux-ci, qui voyaient avec joie Sparte humiliée, lui envoyèrent par dérision un poëte nommé Tyrtée, qui était boiteux et qui passait pour fou. Mais Tyrtée, par ses chants remplis du plus vif enthousiasme, sut ranimer l'ardeur des Lacédémoniens, qui vinrent attaquer les Messéniens postés dans un lieu appelé le Grand-Fossé, d'où ce combat prit le nom de bataille des Tranchées. Trahis et abandonnés au commencement de l'action par Aristocrate, roi des Arcadiens, les Messéniens furent vaincus. Aristomène, après des prodiges de valeur, se renferma avec les débris de son armée dans la forteresse d'Ira, située au milieu des montagnes.

72. Captivité et délivrance d'Aristomène. Prise d'Ira. Dispersion des Messéniens. — Ira était le

indépendance ? — Que fit Aristomène? — Comment Tyrtée releva-t-il le courage des Lacédémoniens ? — Où se retira Aristomène? — 72. Racontez la captivité et la dé-

dernier refuge de l'indépendance messénienne. Souvent l'intrépide Aristomène descendait du haut des montagnes et tombait à l'improviste sur les Lacédémoniens. Dans une de ces sorties, il fut blessé, fait prisonnier avec cinquante de ses guerriers, conduit à Sparte, et précipité, ainsi que ses compagnons, dans la Céada, gouffre dans lequel on jetait les malfaiteurs. Grâce à son bouclier, que les Lacédémoniens lui avaient laissé par estime pour sa valeur et qui amortit sa chute, Aristomène tomba vivant au fond du gouffre. Il était là depuis deux jours au milieu des cadavres de ses compagnons, lorsqu'il aperçut un renard que la pâture avait attiré en ces lieux ; il le saisit par la queue et se traîna à sa suite vers l'ouverture par laquelle l'animal était entré. Le lendemain, il rejoignait ses compatriotes à Ira et recommençait à porter la terreur dans les rangs de ses ennemis.

Mais le moment était venu où l'indépendance messénienne allait succomber. Après onze ans d'une lutte héroïque, la trahison d'un esclave livra aux Lacédémoniens la forteresse d'Ira. Les Messéniens se défendirent avec cette énergie que donne le désespoir. Le combat dura trois jours et trois nuits, et les femmes mêmes y prirent part. Enfin Aristomène, voyant qu'une plus longue résistance devenait inutile, fit sortir de la forteresse les défenseurs qui y restaient encore, les rallia autour de lui, et, plaçant au centre de

livrance d'Aristomène.—Comment la forteresse d'Ira fut-elle prise ? — Que firent les Messéniens et Aristomène ?

son bataillon les enfants et les femmes, il les conduisit à travers l'armée ennemie, qui n'osa s'opposer à son passage (668). La plupart des Messéniens s'exilèrent, soit en Arcadie, soit à Rhegium et à Zanclée [1], qui changea son nom en celui de Messine; ceux qui restèrent en Grèce furent réduits à la condition d'ilotes. La seconde guerre de Messénie avait duré dix-huit ans. Le héros de cette guerre, Aristomène, n'ayant plus d'espoir de délivrer sa patrie, se retira à Rhodes.

CHAPITRE XXIV.

Athènes. Lois de Dracon. Législation de Solon. — Pisistrate. Son usurpation. Son gouvernement. — Hipparque et Hippias. Harmodius et Aristogiton. Ostracisme.

73. Athènes. Lois de Dracon. Législation de Solon. — Après la mort de Codrus, qui s'était dévoué pour sa patrie, les Athéniens avaient déclaré que personne n'était digne de succéder à ce prince, et ils avaient aboli la royauté. Le pouvoir souverain fut confié à un magistrat nommé archonte, et Médon, fils de Codrus (1092), fut le premier archonte [2].

73. QUESTIONS. Que firent les Athéniens après la mort

1. Ville de Sicile.
2. Plus tard, le pouvoir de l'archonte, qui était d'abord viager, fut limité à dix ans, et ensuite on établit neuf archontes qui ne conservaient l'autorité que pendant une année.

A l'époque où Sparte étendait sa domination sur le Péloponèse, Athènes était livrée à de tristes dissensions suscitées par les factions rivales qui se disputaient le pouvoir. Le peuple, qui souffrait de ces désordres, demanda des lois, et l'archonte Dracon fut chargé de les rédiger (**624**). Mais les lois qu'il donna étaient si sévères qu'elles punissaient de mort les plus légers délits aussi bien que les crimes les plus odieux : aussi ne furent-elles pas exécutées, et les désordres recommencèrent.

Il y avait alors à Athènes un homme nommé Solon, qui descendait de Codrus, et qui avait passé une partie de sa vie à voyager dans diverses contrées, étudiant les mœurs et les lois des peuples. Les grandes connaissances qu'il avait rapportées de ses voyages lui avaient assuré un rang distingué parmi les sages de la Grèce[1]. Il avait aussi rendu des services importants à sa patrie, en excitant les Athéniens à recouvrer l'île de Salamine, que les Mégariens leur avaient enlevée, et en dirigeant lui-même l'expédition, qui fut couronnée d'un plein succès. C'est à ce grand et sage citoyen que fut confié le soin de réformer les institutions et de donner à Athènes de nouvelles lois.

Solon commença par diminuer les dettes et

de Codrus ? — A qui confièrent-ils le pouvoir de leur donner des lois ?—Pourquoi les lois de Dracon ne furent-

1. Les sages, auxquels on attribuait quelque sentence remarquable, étaient au nombre de sept : Solon, Pittacus, Bias, Périandre, Chilon, Thalès, Cléobule.

par remédier aux abus de l'usure en abaissant le taux de l'intérêt ; il décréta que les biens du débiteur, et non plus sa personne, répondraient de sa dette, et en conséquence tous les citoyens qui étaient devenus esclaves pour dettes furent rendus à la liberté.

Solon régla ensuite la forme du gouvernement. Les neuf archontes restèrent les premiers magistrats de l'État, chacun d'eux ayant des attributions particulières. Un sénat, composé de 400 membres, discutait les lois et les affaires importantes, qui étaient ensuite soumises à l'assemblée du peuple, à laquelle tous les citoyens, sans exception, avaient le droit d'assister. Le tribunal suprême de l'Aréopage, qui jusqu'alors n'avait guère exercé que des fonctions judiciaires, eut aussi dans ses attributions le maintien de la religion et des bonnes mœurs. Les archontes sortis de charge faisaient partie de l'Aréopage, si leur conduite ne méritait que des éloges. Les autres tribunaux, chargés de juger les causes civiles et présidés par les archontes, se composaient d'un grand nombre de citoyens que le sort désignait chaque année[1].

Solon donna aussi tous ses soins à l'éducation des enfants ; mais, plus sage que Lycurgue, il sut respecter ce qu'exigent les devoirs de l'humanité et les droits de la famille. Les esclaves n'étaient pas

elles pas exécutées ? — Qu'était-ce que Solon ? — Donnez

1. Le nombre de citoyens ainsi désignés chaque année était de six mille.

réduits à la dure condition des ilotes de Sparte ; maltraités par leur maître, ils pouvaient invoquer la protection des lois et obtenir d'être vendus à un autre maître.

74. Pisistrate. Son usurpation. Son gouvernement. — Solon, après avoir obligé par serment les Athéniens à observer ses lois, s'éloigna de sa patrie. Pendant son absence, les dissensions reparurent, et à son retour en Grèce il n'eut pas assez d'autorité pour mettre un terme aux désordres. Pisistrate, homme très-ambitieux et l'un des principaux citoyens d'Athènes, parvint à s'emparer du pouvoir souverain, en usant de stratagème. Après s'être fait lui-même quelques blessures, il parut couvert de sang sur la place publique et souleva la multitude en lui persuadant que ses ennemis l'avaient ainsi maltraité à cause de son dévouement aux intérêts du peuple. Malgré l'opposition de Solon, Pisistrate obtint que cinquante gardes lui fussent accordés pour la sûreté de sa personne ; il en augmenta le nombre, et avec leur aide il se rendit maître de la citadelle.

Chassé deux fois d'Athènes, et rappelé chaque fois par ses partisans, il finit par conserver l'autorité absolue (538). Du reste, il se fit pardonner sa tyrannie[1], c'est-à-dire son usurpation,

quelques détails sur ses lois et ses institutions.—74. Comment Pisistrate s'empara-t-il du pouvoir à Athènes?—De

---

1. Les Grecs ne donnaient pas au mot *tyrannie* le sens que nous lui donnons, celui de gouvernement oppresseur et cruel ; pour eux, c'était l'usurpation du pouvoir dans un État libre.

par sa justice, sa libéralité et la sagesse de son gouvernement. Les lois de Solon furent maintenues et exactement observées. Pisistrate encouragea l'agriculture et l'industrie, augmenta la marine d'Athènes, et embellit la ville de temples, de gymnases, de fontaines. Il assura aux soldats invalides une subsistance pour le reste de leurs jours. Ami des lettres, il fonda une bibliothèque publique, et fit recueillir les poésies d'Homère, connues seulement jusqu'alors par les fragments que les rapsodes[1] déclamaient sur les places publiques. Pisistrate, en mourant (528), laissa le pouvoir à ses deux fils, Hippias et Hipparque.

75. Hippias et Hipparque. Harmodius et Aristogiton. Ostracisme. — Les fils de Pisistrate avaient gouverné pendant quatorze ans avec la même sagesse que leur père, lorsqu'un événement imprévu amena une révolution. Deux jeunes Athéniens, Harmodius et Aristogiton, unis de la plus étroite amitié, ayant été outragés par Hipparque, résolurent de venger cette injure en le tuant ainsi que son frère; ils n'associèrent à leur dessein qu'un petit nombre d'amis et attendirent, pour l'exécuter, la fête des grandes Panathénées, jour où tous les citoyens se réunissaient en armes. Ce jour venu, Hippias, avec ses gardes, se rendit dans le Céramique, hors de la ville, et y donna ses

quelle manière gouverna-t-il? — Que fit-il pour les lettres? — 75. Racontez la conjuration qui fut formée contre les fils de Pisistrate. — Quel fut le sort d'Hipparque? —

1. On nommait ainsi ceux qui faisaient métier de réciter les chants des poëtes, et particulièrement les poésies d'Homère.

ordres pour la cérémonie. Les deux amis l'y avaient suivi, armés de poignards qu'ils tenaient cachés sous des branches de myrte. Mais voyant un des conjurés qui s'entretenait familièrement avec Hippias, ils se crurent trahis; ils rentrèrent dans la ville, et ayant rencontré Hipparque, ils le tuèrent. Harmodius fut massacré sur-le-champ par les gardes; Aristogiton, qui était parvenu d'abord à s'échapper, fut bientôt pris et périt dans les supplices (515).

Dès lors, Hippias, devenu soupçonneux et cruel, appesantit sur les Athéniens un joug odieux. Cinq ans après, chassé d'Athènes par Clisthène, chef de la puissante famille des Alcméonides, il alla chercher un asile auprès de Darius, roi de Perse. Clisthène établit l'ostracisme[1], sorte de jugement qui prononçait un exil de dix ans contre le citoyen dont l'ambition ou seulement l'influence semblait dangereuse pour la liberté publique. Il fallait six mille votes pour que la condamnation fût prononcée.

Pourquoi Hippias fut-il chassé d'Athènes? — Qu'était-ce que l'ostracisme?

1. Ainsi nommé d'un mot grec qui signifie *coquille*, parce que les citoyens donnaient leur suffrage en écrivant le nom de l'accusé sur une coquille enduite de cire.

CHAPITRE XXV.

Première guerre médique. Révolte de l'Ionie. Incendie de Sardes.—Deux expéditions des Perses en Grèce. Bataille de Marathon. — Honneurs rendus aux morts. Ingratitude envers Miltiade.

76. Première guerre médique. Révolte de l'Ionie. Incendie de Sardes. — Sparte et Athènes avaient déjà atteint un haut point de grandeur au moment où commencèrent les guerres médiques, cette lutte mémorable dans laquelle les Grecs, à force de patriotisme et de courage, triomphèrent de la puissance des Perses. Les guerres médiques eurent pour cause l'ambition du grand roi[1], qui, maître de l'Asie, voulait étendre son empire du côté de l'Europe : la révolte de l'Ionie n'en fut que le prétexte.

Depuis le règne de Cyrus, les colonies grecques de l'Asie Mineure étaient soumises à la domination des Perses. Aristagoras, qui gouvernait Milet au nom de Darius, ayant encouru le mécontentement de ce prince, souleva l'Ionie pour échapper à la disgrâce, et peut-être au châtiment qu'il redoutait. Voulant s'assurer le secours des Grecs d'Europe, il se rendit à Sparte, où il chercha à séduire le roi Cléomène par des promesses

76. QUESTIONS. Quelle fut l'origine des guerres médiques ? — A quelle occasion l'Ionie se révolta-t-elle contre

1. On appelait ainsi le roi de Perse.

et des présents. Cléomène lui ayant demandé combien il y avait de chemin entre la mer et la capitale des Perses, Aristagoras répondit qu'il fallait trois mois de marche pour arriver à Suse. « Étranger, lui dit Cléomène indigné, vous avez fait une proposition dangereuse en voulant engager les Lacédémoniens à entreprendre un voyage de trois mois au delà des mers de la Grèce. Sortez de Sparte avant le coucher du soleil. »

Aristagoras réussit mieux auprès des Athéniens, irrités de la faveur que le roi de Perse accordait à Hippias. Ils équipèrent vingt vaisseaux, qui, réunis aux cinq vaisseaux fournis par Érétrie, ville de l'Eubée, allèrent débarquer des troupes à Éphèse, et trois jours après Sardes, la capitale de la Lydie, fut prise et incendiée (504). A cette nouvelle, Darius, transporté de colère, fit le serment de se venger, et il ordonna à un de ses officiers de lui répéter trois fois chaque jour avant le repas : « Seigneur, souvenez-vous des Athéniens. »

77. Deux expéditions des Perses en Grèce. Bataille de Marathon. — Darius, après avoir comprimé la révolte de l'Ionie, chargea Mardonius, son gendre, d'aller châtier les villes d'Athènes et d'Érétrie (496). La flotte de Mardonius, en doublant le promontoire du mont Athos, fut assaillie par une violente tempête, qui fit périr trois

le roi des Perses? — A qui Aristagoras s'adressa-t-il pour obtenir des secours? — Que firent les Athéniens? — 77. Quels furent les résultats de l'expédition de Mardo-

cents vaisseaux et vingt mille hommes. Son armée de terre, surprise par les Thraces, éprouva une sanglante défaite. Après ce double désastre, Mardonius, n'osant rien entreprendre contre la Grèce, retourna en Perse.

Darius rassembla de nouvelles forces, dont il confia le commandement à Datis, Mède de nation, et à Artapherne, son neveu. Il envoya d'abord des hérauts en Grèce pour exiger en son nom *la terre et l'eau,* c'est-à-dire une entière soumission. Presque toutes les îles et la plupart des peuples du continent promirent obéissance ; mais l'indignation fut telle à Lacédémone et à Athènes, que les hérauts y furent mis à mort : c'était une odieuse violation du droit des gens. Les généraux perses, après avoir soumis les îles de la mer Égée, pris et brûlé Érétrie, partirent de l'Eubée avec cent mille hommes d'infanterie et dix mille de cavalerie, et, guidés par Hippias, ils débarquèrent en Attique, sur le rivage de Marathon (490).

Les Athéniens ne pouvaient opposer à ces forces redoutables que dix mille citoyens, auxquels s'étaient joints mille Platéens venus de la Béotie[1]. Cette petite armée était sous les ordres de dix généraux qui devaient commander chacun alternativement une journée, et au nombre

nius en Grèce ? — Pourquoi Darius envoya-t-il des hérauts en Grèce ? — Comment furent-ils traités à Sparte et à

1. **Les Spartiates** avaient aussi promis leur secours ; mais retenus par une ancienne superstition qui ne leur permettait pas d'entrer en campagne avant la pleine lune, ils n'arrivèrent qu'après la bataille.

desquels se trouvaient Miltiade, Aristide et Thémistocle. Suivant l'exemple donné par Aristide, tous ces généraux cédèrent le commandement à Miltiade, qui prit d'habiles dispositions, et ne voulut livrer la bataille que quand son jour fut venu.

Au premier signal, les Grecs franchirent en courant l'espace qui les séparait de l'ennemi, et commencèrent l'attaque avec une impétueuse ardeur à laquelle les Perses opposèrent une fureur plus tranquille et non moins redoutable. Après quelques heures d'un combat opiniâtre, les Grecs étaient vainqueurs aux deux ailes; mais leur centre, plus faible, était près de succomber sous les efforts des meilleures troupes de Darius, lorsque les deux ailes victorieuses se replièrent et assaillirent le corps de bataille des ennemis. Dès lors la déroute devint générale. Les Perses, repoussés de tous côtés, cherchèrent un asile sur leur flotte, suivis de près par les vainqueurs, qui s'emparèrent de sept vaisseaux; le reste de la flotte se sauva à force de rames. L'armée persane avait perdu environ six mille quatre cents hommes, et le traître Hippias était au nombre des morts. Les Athéniens eurent à regretter cent quatre-vingt-douze héros; car il n'y en eut pas un qui dans cette journée mémorable ne méritât ce titre[1].

Athènes? — Racontez la bataille de Marathon. —78. Quels

---

1. On raconte qu'un soldat, après la bataille, courut, sans s'arrêter, de Marathon à Athènes, qu'il s'écria en arrivant : « Réjouissez-vous, nous sommes vainqueurs ! » et qu'il expira aussitôt.

78. Honneurs rendus aux morts. Ingratitude envers Miltiade.

— Le surlendemain du combat arrivèrent deux mille Spartiates : ils n'avaient mis que trois jours à faire le chemin. Ils virent les tentes des Perses encore dressées à Marathon, la plaine jonchée de morts et couverte de riches dépouilles. Ils y trouvèrent Aristide qui veillait avec sa tribu à la garde des prisonniers, et ne se retirèrent qu'après avoir donné de justes éloges aux vainqueurs.

Les Athéniens n'oublièrent rien pour honorer dignement ceux qui étaient morts dans le combat : on leur fit des funérailles magnifiques, et on institua des fêtes annuelles pour rappeler leur mémoire. Dix colonnes, une pour chaque tribu[1], furent élevées dans la plaine de Marathon, et sur chacune de ces colonnes furent gravés les noms des cent quatre-vingt-douze héros.

Pour honorer Miltiade, on le représenta, au milieu d'un groupe de héros, peint sur le mur d'un portique nommé Pœcile. Mais, ce qui est triste à dire, la gloire dont il s'était couvert à Marathon ne le mit pas à l'abri de l'ingratitude du peuple. Ayant échoué dans une expédition contre l'île de Paros, il fut accusé de trahison et condamné à une amende de cinquante talents[2]

honneurs furent rendus aux guerriers morts à Marathon? — Racontez comment Miltiade fut victime de l'ingratitude de ses concitoyens.

1. Clisthène, pendant son administration, avait partagé les citoyens en dix tribus au lieu des quatre établies par Solon.
2. Environ 275,000 francs.

qu'il ne put payer[1]; peu de temps après, il mourut des blessures qu'il avait reçues en combattant pour sa patrie. Plus tard on lui éleva un tombeau dans la plaine de Marathon, témoin de son glorieux triomphe.

CHAPITRE XXVI.

Aristide et Thémistocle. Exil d'Aristide. — Seconde guerre médique. Armée de Xerxès. — Léonidas aux Thermopyles. Dévouement des Spartiates.

79. Aristide et Thémistocle. Exil d'Aristide. — Après la mort de Miltiade, deux hommes également illustres, Aristide et Thémistocle, se partagèrent le pouvoir à Athènes. Aristide s'était concilié l'estime des bons citoyens par une vie irréprochable, par son désintéressement et sa justice. Ferme et constant dans ses principes, il n'avait jamais en vue dans tous ses desseins que le bien public, et il était souvent obligé de résister à Thémistocle, qui voulait introduire de grands changements dans l'État. Thémistocle, distingué surtout par ses talents militaires, était si passionné pour la gloire qu'il disait que les exploits de Miltiade lui ôtaient le sommeil. Ambitieux, il cherchait à captiver la faveur du peuple, se proposant, il est vrai, comme un but

79. QUESTIONS. Qui gouverna à Athènes après Miltiade?

1. Cimon, son fils, paya les cinquante talents.

noble et élevé, d'augmenter la puissance de sa
patrie ; mais ce n'était pas toujours par des moyens
que la justice pût avouer.

Irrité de voir Aristide contrarier ses projets,
Thémistocle parvint à rendre son rival suspect
au peuple et lui fit appliquer la peine de l'ostracisme : c'était, comme on l'a déjà vu, un exil de
dix ans. Le jour où les citoyens étaient réunis
pour donner leur suffrage, comme Aristide assis-
tait à l'assemblée, un paysan, qui ne savait
pas écrire, le pria de mettre pour lui sur sa coquille le nom d'Aristide. « Cet homme vous
a-t-il fait quelque tort? » lui demanda Aristide.
« Aucun, répondit le paysan, je ne le connais
même pas ; mais je suis fatigué de l'entendre
appeler le Juste. » Aristide écrivit son nom et
lui rendit sa coquille, sans ajouter aucune autre
parole. En sortant de la ville, il leva les mains
vers le ciel et demanda aux dieux que sa patrie
ne se trouvât jamais dans une position assez fâ-
cheuse pour se souvenir d'Aristide.

Thémistocle, resté seul maître à Athènes, n'usa
heureusement du pouvoir que pour travailler à
la grandeur de son pays. Prévoyant avec raison
que la Grèce aurait de nouveau à lutter contre
la puissance des Perses, il fit employer à la construction d'une flotte toutes les ressources dont
la ville pouvait disposer. Les Athéniens équipèrent ainsi cent galères, qui leur donnèrent
bientôt l'empire de la mer et qui devaient assurer

— Donnez quelques détails sur Aristide et Thémistocle.
— Racontez le bannissement d'Aristide. — Que fit Thémis-

le salut de la Grèce, lorsque Xerxès, fils et successeur de Darius, envahit cette contrée pour venger les défaites de son père.

80. Seconde guerre médique (480). Armée de Xerxès. — La cinquième année de son règne, Xerxès, après avoir préparé d'immenses armements, partit de Sardes et se dirigea vers l'Hellespont (480). Sa flotte se composait de douze cents galères à trois rangs de rames et de trois mille vaisseaux de transport. Xerxès avait fait creuser à l'avance, près du mont Athos, un canal assez large pour donner passage à deux vaisseaux de front. Son armée de terre réunissait un million sept cent mille hommes d'infanterie, quatre-vingt mille de cavalerie et une multitude d'esclaves et de valets d'armée qui surpassaient peut-être le nombre des soldats. Il ordonna la construction d'un pont de bateaux sur l'Hellespont pour faire passer ses troupes d'Asie en Europe. Ce pont, à peine achevé, ayant été rompu par une tempête, Xerxès entra dans une telle fureur qu'elle alla jusqu'à la folie. Il fit jeter des chaînes dans la mer, comme pour la mettre aux fers et commanda de lui donner trois cents coups de fouet. Ensuite il fit trancher la tête à ceux qui avaient dirigé les travaux et choisit d'autres ouvriers auxquels il ordonna de construire deux ponts, l'un pour les troupes, l'autre pour les bagages. L'armée mit sept jours et sept nuits pour

tocle pour augmenter la puissance d'Athènes ? — 80. Avec quelles forces Xerxès envahit-il la Grèce ? — Quelles contrées se soumirent à ce prince ? — Quels peuples réso-

passer de la côte asiatique d'Abydos à celle de Sestos, en Europe.

A l'approche des Perses, la plupart des contrées de la Grèce septentrionale, la Thessalie, la Doride, la Béotie, à l'exception de Thespies et de Platée, firent leur soumission au grand roi. Mais les Athéniens et les Spartiates, quoique n'ayant pu obtenir aucun secours des îles de la mer Égée ni des colonies grecques de Sicile et d'Italie, résolurent de se défendre. Les Phocéens, les Corinthiens, les Thespiens, les Platéens et quelques autres peuples se réunirent à eux pour repousser les barbares, et Sparte fut mise à la tête de la confédération.

81. Léonidas aux Thermopyles. Dévouement des Spartiates. — Pendant que la flotte des Grecs, sous les ordres du Lacédémonien Eurybiade, occupait le détroit d'Artémisium, entre les côtes de la Thessalie et celles d'Eubée, Léonidas, un des rois de Sparte, fut envoyé avec quatre mille hommes environ pour garder le défilé des Thermopyles[1], qui était le seul passage par où les Perses pouvaient pénétrer dans la Grèce méridionale. Dans la petite armée commandée par Léonidas, on comptait trois cents Spartiates, sept cents Thespiens, et le reste se composait de troupes venues du Péloponèse.

Xerxès était persuadé qu'au premier bruit de

lurent de lui résister? — 81. Qui fut chargé de défendre le passage des Thermopyles? — Quel fut le résultat des pre-

1. Situé entre la Locride et la Thessalie.

son arrivée les Grecs prendraient la fuite : aussi fut-il étrangement surpris en apprenant qu'ils se préparaient à lui disputer le passage. Il attendit quatre jours, dans l'espérance qu'ils se retireraient. Le cinquième jour, il écrivit à Léonidas : « Si tu veux te soumettre, je te donnerai l'empire de la Grèce. » Léonidas répondit : « J'aime mieux mourir pour ma patrie que de l'asservir. » Une seconde lettre du roi ne contenait que ces mots : « Rends-moi tes armes. » Léonidas écrivit au-dessous : « Viens les prendre. »

Xerxès, voyant que les Grecs étaient déterminés à se défendre, fit marcher contre eux les Mèdes, qui furent repoussés avec de grandes pertes, puis les Cissiens, qui n'eurent pas un meilleur succès. Il désespérait de forcer le passage, lorsqu'un habitant du pays, nommé Éphialte, lui indiqua un sentier détourné par lequel on pouvait gagner les hauteurs et surprendre les Grecs par derrière. Xerxès envoya aussitôt un corps choisi de dix mille Perses qui partirent au commencement de la nuit, guidés par le traître Éphialte. Léonidas, instruit de la marche des Perses, déclara que lui et ses Spartiates étaient résolus à ne point abandonner le poste confié à leur honneur, et il renvoya les autres Grecs qui pouvaient servir plus utilement ailleurs la patrie. Les Thespiens voulurent partager le sort des Spartiates.

Dès que le jour parut, Léonidas et ses intrépides compagnons attaquèrent les Perses avec la même ardeur que la veille. Quand leurs piques

mières tentatives de Xerxès pour se faire livrer et puis

furent brisées, ils continuèrent de combattre avec leurs épées. Enfin Léonidas tomba mort. Les Grecs, quoique épuisés de fatigue, repoussèrent quatre fois l'ennemi pour ne pas laisser entre ses mains le corps de leur général. En ce moment arrivèrent les dix mille Perses que guidait Éphialte. Alors les Grecs, enveloppés de toutes parts, se défendirent encore avec ce qui leur restait d'armes, et ils périrent tous accablés sous la grêle de pierres et de traits que les barbares leur lançaient de loin.

Plus tard, on éleva dans ces lieux un tombeau en l'honneur des héroïques défenseurs de la Grèce, avec deux inscriptions, l'une qui regardait tous ceux qui étaient morts aux Thermopyles, l'autre qui était particulière aux Spartiates et conçue en ces termes : « Passant, va dire à Sparte que nous sommes morts ici pour obéir à ses lois. »

CHAPITRE XXVII.

Ruine d'Athènes. Thémistocle et les autres chefs de la flotte grecque. — Bataille de Salamine. Fuite de Xerxès. — Batailles de Platée et de Mycale. La Grèce triomphante.

82. Ruine d'Athènes. — Thémistocle et les autres chefs de la flotte grecque. — Maître du passage

pour forcer ce passage ? — Racontez la mort héroïque de Léonidas et des Spartiates.

82. QUESTIONS. Quel conseil Thémistocle donna-t-il aux

des Thermopyles, Xerxès entra dans la Phocide, qu'il livra à la dévastation, détruisant partout les villes et les temples. Dans la Béotie, Thespies et Platée furent incendiées. La ville d'Athènes était menacée du même sort. Alors les Athéniens, suivant les conseils de Thémistocle, et obéissant à l'oracle qui leur avait dit de se renfermer dans des murailles de bois, prirent une résolution héroïque. Après avoir fait transporter les femmes, les enfants, les vieillards, à Égine et à Trézène[1], ils abandonnèrent leurs maisons, leurs temples, les tombeaux de leurs aïeux, à la fureur des barbares, et tous ceux qui pouvaient porter les armes ou manier la rame passèrent sur la flotte, qui avait quitté le détroit d'Artémisium pour venir stationner entre l'île de Salamine et la côte de l'Attique. Peu après, Xerxès entra dans Athènes, où il ne trouva qu'un petit nombre de défenseurs qui se firent tuer plutôt que de se rendre. La ville fut livrée au pillage et ensuite incendiée.

La plupart des chefs de la flotte grecque étaient d'avis de se retirer devant les forces supérieures des Perses[2] et de se rapprocher de l'isthme de Corinthe, où étaient campées les troupes de terre. Thémistocle soutint qu'il fallait rester et combattre, et comme il insistait avec force, le Spartiate Eurybiade, qui commandait en chef la flotte,

Athéniens? — Quel fut le sort de la ville d'Athènes?— Que fit Thémistocle pour retenir la flotte grecque à Sala-

1. Ville sur la côte de l'Argolide.
2. La flotte grecque comptait 380 vaisseaux et celle des Perses 1200.

s'emporta jusqu'au point de lever le bâton sur lui. « Frappe, lui dit Thémistocle sans s'émouvoir, mais écoute; » et, continuant son discours, il démontra qu'on avait toutes les chances de vaincre dans le détroit de Salamine, où les nombreux vaisseaux des Perses auraient peine à se mouvoir. Il fut enfin décidé qu'on resterait. Toutefois Thémistocle, craignant encore que cette résolution ne fût pas maintenue, dépêcha secrètement un messager au roi de Perse, avec ordre de lui dire que Thémistocle, général des Athéniens, étant affectionné à ses intérêts, lui faisait donner avis que les Grecs, effrayés, se disposaient à prendre la fuite pendant la nuit, et qu'il lui conseillait de ne pas les laisser échapper. Xerxès, dupe de cette ruse, fit garder l'autre issue du détroit, et fut amené ainsi, sans le savoir, à combattre là où le voulait Thémistocle.

83. Bataille de Salamine. Fuite de Xerxès. — La veille du jour où devait se livrer la bataille, on vint dire à Thémistocle qu'un homme demandait à lui parler : il ordonne de l'introduire. C'était Aristide[1], qui, après avoir traversé, au péril de sa vie, la flotte des Perses, venait offrir ses services à son ancien rival, à qui il adressa ces belles paroles : « Remettons à un autre temps nos querelles, et disputons, dans les circonstances présentes, à qui servira le mieux son pays. » Thé-

mine ? — 83. Racontez l'entrevue d'Aristide et de Thémis-

1. Un décret avait récemment rappelé de l'exil Aristide et les autres bannis.

mistocle, admirant cette grandeur d'âme, lui confia ce qu'il avait fait pour retenir les Grecs à Salamine. Aristide, après l'avoir loué, se rendit auprès des autres chefs et les exhorta vivement à combattre.

Le lendemain, au lever du soleil, la flotte des Perses s'avança et se mit en bataille. Xerxès, pour animer ses troupes par sa présence, s'était placé sur une hauteur voisine, ayant auprès de lui plusieurs secrétaires chargés d'écrire tous les événements du combat. Thémistocle eut soin de ne donner le signal de l'attaque qu'à l'heure où soufflait régulièrement de la mer un vent très-fort qui soulevait les vagues dans le détroit. Ce vent ne nuisait pas aux vaisseaux des Grecs, qui étaient plats et de médiocre hauteur; mais il incommodait fort ceux des Perses, qui étaient lourds et avaient la proue et les ponts très-élevés.

Les Perses, combattant avec confusion et sans règle, embarrassés par le nombre de leurs vais-seaux qui s'entre-choquaient au lieu de se prêter un mutuel appui, éprouvèrent une défaite com-plète. Avant la fin du jour, les Grecs avaient dé-truit deux cents vaisseaux ennemis, en avaient pris un grand nombre et n'avaient perdu que quarante galères. Cette mémorable victoire fut due autant à la valeur des soldats qu'à l'habileté de Thémistocle (480).

Xerxès, abattu par la grandeur de ce désastre, et craignant que le chemin de l'Asie ne lui fût fermé, se hâta de gagner l'Hellespont, qu'il passa

tocle. — Décrivez la bataille de Salamine. — 84. De quelles

en fugitif sur une barque de pêcheur. Il laissait Mardonius en Grèce avec une armée de trois cent mille hommes.

84. Batailles de Platée et de Mycale. La Grèce triomphante. — Mardonius fit offrir la paix aux Athéniens, dans l'espoir de les détacher de la confédération; il en reçut cette fière réponse : « Tant que le soleil suivra dans les cieux sa course accoutumée, les Athéniens ne feront jamais d'alliance avec Xerxès; pleins de confiance dans la protection des dieux et des héros dont, sans aucun respect, il a brûlé les temples et les statues, ils combattront courageusement contre lui. » Mardonius rentra dans Athènes, que les habitants avaient abandonnée une seconde fois, et, après avoir ravagé l'Attique, il se retira dans la Béotie. L'armée grecque s'y trouva bientôt réunie ; elle était forte de cent dix mille hommes et commandée par le Lacédémonien Pausanias, parent et tuteur du jeune roi de Sparte. Mardonius, outre les trois cent mille Asiatiques que lui avait laissés Xerxès, avait sous ses ordres cinquante mille auxiliaires grecs.

La bataille se livra dans les environs de Platée (479). Les Perses combattirent avec ardeur jusqu'au moment où ils virent tomber leur chef Mardonius; dès lors, ils cédèrent de toutes parts, et leur défaite fut si sanglante, que quarante mille hommes seulement purent regagner, en fuyant, la Thrace et l'Asie. Les richesses re-

forces disposait Mardonius? — Les Athéniens voulurent-ils accepter la paix qu'il leur offrait? — Racontez la ba-

cueillies dans le camp des Perses étaient immenses. La dixième partie de ce butin fut réservée pour les temples des dieux ; le reste fut distribué aux vainqueurs, à chacun selon son mérite.

Le même jour, la flotte des Grecs, commandée par l'Athénien Xantippe et Léotychidas, roi de Lacédémone, remporta une victoire signalée sur la flotte des Perses auprès du promontoire de Mycale, en Ionie. Ces glorieux succès mirent fin à la seconde guerre médique : elle eut pour résultat le triomphe de la Grèce et l'affranchissement de l'Ionie.

CHAPITRE XXVIII.

Administration de Thémistocle. Athènes fortifiée.—Pausanias ; son ambition ; sa mort. Exil de Thémistocle. — Aristide ; sa pauvreté. Cimon ; ses victoires.

85. Administration de Thémistocle. Athènes fortifiée. — Après la retraite des Perses (480), les Athéniens ramenèrent dans l'Attique leurs femmes et leurs enfants et commencèrent à rebâtir leur ville, ruinée deux fois par les barbares. Thémistocle leur conseilla d'entourer Athènes de hautes et solides murailles qui la mettraient désormais à l'abri de toute attaque extérieure. Les Lacédémoniens, informés de ce

taille de Platée et le combat de Mycale. — Quels furent les résultats de la seconde guerre médique ?

QUESTIONS. — 85. De quel soin s'occupèrent les Athé-

dessein, représentèrent qu'il était dangereux d'avoir hors du Péloponèse une ville fortifiée, dans laquelle les barbares pourraient s'établir s'ils envahissaient encore la Grèce ; mais c'était un sentiment d'égoïsme et de jalousie qui les guidait dans cette démarche. Thémistocle le comprit bien, et il fit répondre qu'Athènes enverrait une députation à Sparte. Il s'y rendit lui-même sans délai, après avoir recommandé de retenir ses collègues jusqu'à ce que le mur fût assez élevé pour être en état de défense. Alors tous ceux qui étaient dans la ville, hommes, femmes, enfants, vieillards, se mirent à l'œuvre sans relâche. Pendant ce temps, Thémistocle endormait la vigilance des Spartiates, disant qu'il attendait, pour s'expliquer, l'arrivée de ses collègues ; puis, lorsqu'il sut que les travaux touchaient à leur fin, il déclara hardiment à l'assemblée lacédémonienne que c'était par ses conseils que les Athéniens avaient fortifié leur ville. Sparte dissimula son ressentiment, mais elle garda rancune à Thémistocle.

Ce fut aussi grâce aux conseils de Thémistocle que les Athéniens continuèrent les travaux du port du Pirée, qui, avec ses trois bassins creusés par la nature, devait offrir à la marine athénienne un abri aussi vaste que sûr. Les fortifications qu'on y éleva avaient assez d'épaisseur pour que deux chariots y pussent passer de

niens après la retraite des Perses ? — Quel conseil leur donna Thémistocle ? — Comment déjoua-t-il les mauvais desseins des Lacédémoniens ? — Quels travaux furent

front. Plus tard le Pirée fut joint à la ville d'Athènes[1] par des murailles commencées sous Cimon et achevées sous Périclès.

86. Pausanias. Son ambition; sa mort. Exil de Thémistocle. — Les Grecs, non contents d'avoir repoussé les Perses, voulurent les attaquer à leur tour et les chasser de la Thrace (477). La flotte grecque, commandée par Pausanias, roi de Sparte, les obligea d'abandonner la ville de Byzance et l'île de Chypre. On avait fait un grand nombre de prisonniers; Pausanias les laissa échapper, afin de se faciliter les moyens de nouer de secrètes relations avec Artabaze, satrape de Bithynie. Bientôt, égaré par son orgueil et son ambition, il conçut de coupables desseins contre sa patrie. Il fit offrir à Xerxès, s'il voulait lui donner sa fille en mariage, de l'aider à conquérir la Grèce. Alors, quittant l'habit et la vie frugale des Spartiates pour prendre le costume et les mœurs des Perses, il étala un luxe asiatique et s'entoura d'une garde de Mèdes et d'Égyptiens. Il traitait les alliés avec une hauteur et une insolence que des hommes libres ne pouvaient supporter; ils refusèrent de lui obéir plus longtemps et passèrent sous le commandement d'Athènes. Sparte rappela Pausanias et le mit en jugement. Absous d'abord, parce que les preuves

exécutés au Pirée? — 86. A qui fut donné le commandement de la flotte grecque? — Quelle fut la conduite de

1. Le Pirée était situé à six kilomètres de la citadelle d'Athènes.

manquaient, il fut enfin convaincu de trahison
et condamné. Pour échapper au supplice, il se
réfugia dans le temple de Minerve, qui était un
asile inviolable ; mais on en mura les portes, et
Pausanias y mourut de faim.

Thémistocle avait glorieusement servi sa patrie, mais en rappelant sans cesse ses exploits
et ses services il indisposait contre lui ses concitoyens ; de plus, ses exactions l'avaient rendu
odieux aux alliés. Devenu suspect, il fut banni
d'Athènes par l'ostracisme. Accusé par les Spartiates d'avoir trempé dans les desseins criminels
de Pausanias, et sachant bien que ses ennemis
le feraient condamner, il quitta précipitamment
Argos et s'enfuit en Épire, chez Admète, roi des
Molosses ; puis il alla demander asile au roi de
Perse, Artaxerxès, qui l'accueillit avec les plus
grands égards et lui assigna pour son entretien
les revenus de trois villes. Mais lorsque plus
tard Artaxerxès lui proposa de diriger une expédition contre la Grèce, Thémistocle préféra la
mort au déshonneur, et on dit qu'il s'empoisonna.

87. Aristide; sa pauvreté. Cimon ; ses victoires.
— Si Athènes, privée des services de Thémistocle, ne déchut pas du haut rang qu'elle avait
conquis parmi les peuples de la Grèce, elle le
dut à la sagesse de l'administration d'Aristide le
Juste. Lorsque les alliés eurent déféré aux Athéniens le commandement des troupes confédérées, ils demandèrent que la taxe qu'ils payaient

Pausanias ? — Comment fut-il puni ? — Racontez l'exil
et la mort de Thémistocle. — 87. Quelle fut l'adminis-

pour la guerre fût répartie également entre toutes les villes. Ils voulurent que le soin de cette répartition fût confié à Aristide, et il s'en acquitta avec un désintéressement et une équité qui augmentèrent encore le respect et l'admiration pour sa personne. Il mourut à Athènes dans un âge avancé; et cet homme, qui avait si longtemps administré les finances de sa patrie et des alliés[1], ne laissa pas de quoi fournir aux frais de ses funérailles. Le trésor public dota les filles de ce grand citoyen.

Cimon, fils de Miltiade, était digne, par ses grandes qualités, de remplacer Aristide dans le gouvernement d'Athènes. Poursuivant avec vigueur la guerre contre les Perses, il les chassa des côtes de la Thrace et de toutes les villes de la Carie. La flotte persane était venue stationner à l'embouchure de l'Eurymédon[2], soutenue par une armée considérable qui campait sur les rives du fleuve. Cimon, avec des forces bien inférieures, attaque hardiment la flotte ennemie, coule à fond ou prend un grand nombre de vaisseaux; puis, le soir même de cette journée, il débarque sur le rivage, met en pleine déroute l'armée des Perses et s'empare de leur camp, qui renfermait un riche butin (466).

Ces glorieux services ne mirent pas Cimon à

tration d'Aristide? — Dans quelles circonstances se manifestèrent son intégrité et son désintéressement? — Ra-

1. Aristide avait été chargé d'administrer le trésor commun déposé dans le temple de Délos.
2. Fleuve de la Pamphylie.

l'abri de l'ingratitude de ses concitoyens : il fut banni par l'ostracisme. Rappelé quelques années après, il conduisit une expédition en Chypre, et déjà il avait chassé les Perses de la plupart des villes qu'ils occupaient, lorsqu'il mourut, soit de maladie, soit de ses blessures. Ses vaillants soldats, au moment de revenir en Grèce où ils rapportaient son corps, détruisirent une flotte phénicienne et perse : ce fut à la suite de ces victoires que fut conclu le traité appelé *paix de Cimon,* par lequel le roi de Perse, Artaxerxès, reconnaissait l'indépendance des Grecs d'Asie et s'engageait à tenir ses armées et ses flottes éloignées des côtes de la Grèce[1]. Ce traité mit fin aux guerres médiques (449).

CHAPITRE XXIX.

Périclès ; son pouvoir ; son administration. — Guerre du Péloponèse. Peste d'Athènes. Le médecin Hippocrate. — Disgrâce de Périclès ; sa mort ; son siècle.

85. Périclès ; son pouvoir ; son administration. — Après Cimon, Périclès, qui jusqu'alors n'avait fait que contre-balancer le crédit de cet homme illustre, eut à Athènes un pouvoir pres-

contez les exploits de Cimon. — Quel traité mit fin aux guerres médiques ?
QUESTIONS. — 85. A quelle famille appartenait Périclès ?

1. Athènes s'engageait, de son côté, à ne plus attaquer les États du grand roi.

que absolu (443). Il était fils de Xanthippe, le vainqueur de Mycale, et petit-neveu de Clisthène, qui, après l'expulsion des Pisistratides, avait établi à Athènes le gouvernement populaire. Il eut pour maîtres les plus savants hommes de son temps, et il s'exerça surtout dans l'art de la parole, qu'il regardait comme l'instrument le plus puissant pour conduire et gouverner le peuple. On comparait l'éloquence de Périclès à l'éclat de la foudre et des éclairs, et tous ses discours ne se faisaient pas moins remarquer par la grâce et l'habileté du langage que par la force et la solidité du raisonnement. « Quand je lutte avec lui et que je l'ai terrassé, disait un de ses adversaires, il soutient qu'il n'est pas tombé, et il le persuade à tous. »

Ce n'est pas seulement à son éloquence, mais aussi à ses rares qualités, que Périclès dut la grande autorité qu'il conserva pendant vingt années. Sa modération dans une si haute fortune, sa probité incorruptible, la simplicité et la dignité de sa vie privée, lui attiraient le respect de tous. Habile dans l'art de la guerre, non moins habile dans l'administration des affaires publiques, il fondait des colonies et étendait au loin la puissance et la gloire de sa patrie. En même temps, il captivait le peuple en lui prodiguant les fêtes et les spectacles et en embellissant Athènes de magnifiques monuments. Ses ennemis ne cessaient de répéter qu'il dilapidait les finances de la république. Périclès demanda

— De quelles qualités et de quels talents était-il doué?

un jour au peuple assemblé s'il était vrai qu'il eût beaucoup dépensé. « Oui, répondit le peuple, et beaucoup trop. — Eh bien! reprit Périclès, je supporterai seul cette dépense, mais aussi mon nom seul sera placé dans les inscriptions des monuments. » À ces mots, le peuple, plein d'admiration pour la grandeur d'âme de Périclès, s'écria tout d'une voix qu'il pouvait puiser dans le trésor public tout l'argent qui lui serait nécessaire.

66. Guerre du Péloponèse. Peste d'Athènes. Le médecin Hippocrate. — Les alliés n'étaient pas disposés, comme les Athéniens, à donner leur entier assentiment à cette partie de l'administration de Périclès. Irrités de voir l'argent qu'ils fournissaient pour l'entretien de la flotte commune employé à l'embellissement d'une seule ville, ils adressèrent secrètement leurs plaintes à Lacédémone, qui plus que jamais était jalouse de la gloire et de la puissance d'Athènes. La rivalité de ces deux villes donna bientôt naissance à la guerre du Péloponèse, guerre funeste qui devait durer vingt-sept ans et bouleverser la Grèce.

Les Athéniens ayant fourni des secours aux habitants de Corcyre, qui étaient en guerre avec ceux de Corinthe, les Lacédémoniens prirent parti pour ces derniers et réclamèrent contre la domination qu'Athènes exerçait sur une partie de la Grèce. Un peu plus tard, les Athéniens qui

— Quel était son ascendant sur le peuple. — 86. Quelle fut l'origine de la guerre du Péloponèse? — Quels peuples formèrent une ligue contre Athènes? — Quels furent

assiégeaient Potidée, colonie de Corinthe, ayant refusé de se désister de cette entreprise, presque tous les peuples du Péloponèse formèrent une ligue à la tête de laquelle étaient les Lacédémoniens, et ils déclarèrent la guerre à Athènes. Archidamus, roi de Sparte, entra dans l'Attique,. qu'il ravagea, et ramena dans le Péloponèse ses soldats chargés de butin (431). En même temps la flotte athénienne portait la désolation sur les côtes du Péloponèse, et à son retour elle s'empara de l'île d'Égine.

Dans la seconde année de la guerre, la peste éclata dans Athènes, où étaient entassés une foule d'habitants de la campagne qui y avaient cherché un asile. Cette terrible maladie, qui ravageait plusieurs contrées de l'Afrique et de l'Asie, entre autres l'Égypte et la Perse, fut sans doute apportée au Pirée par un vaisseau marchand. Hippocrate de Cos, célèbre médecin, refusa les offres les plus brillantes du roi de Perse, Artaxerxès, pour venir prodiguer aux Grecs ses compatriotes des soins assidus et désintéressés. Mais, malgré toute la science et les généreux efforts de ce grand homme, la peste continua ses ravages et enleva un grand nombre d'Athéniens, parmi lesquels cinq mille hommes en état de porter les armes.

87. Disgrâce de Périclès; sa mort; son siècle.— Au milieu de ces maux, Périclès, conservant la fermeté, la grandeur d'âme qui lui était natu-

les premiers actes de cette guerre? — A quel fléau la ville d'Athènes fut-elle en proie? — Racontez le dévouement d'Hippocrate. — 87. Périclès n'encourut-il pas la dis-

relle, ne cessait de veiller aux affaires de sa patrie; il n'encourut pas moins la disgrâce du peuple, qui l'exclut du gouvernement et le condamna à une amende considérable. D'autres coups plus sensibles vinrent le frapper : la plupart de ses amis, de ses parents, et ses deux fils lui furent enlevés par la maladie. Cependant le peuple n'avait pas tardé à sentir la faute qu'il avait commise en se privant des services de Périclès, et il le rappela au gouvernement de la république. Mais, peu après, ce grand homme fut attaqué de la peste (429), et, comme il était sur le point de mourir, les principaux citoyens, réunis autour de son lit, racontaient ses vertus, ses belles actions et ses victoires : ils parlaient ainsi entre eux, persuadés qu'il ne les entendait pas et qu'il avait perdu tout sentiment. Mais Périclès, prenant tout à coup la parole : « Vous louez, dit-il, des actions que d'autres ont faites comme moi, et vous oubliez ce qu'il y a de plus glorieux dans ma vie, c'est que jamais je n'ai fait prendre le deuil à aucun citoyen. »

Les lettres et les arts brillèrent d'un si vif éclat pendant l'administration de Périclès, que cette époque a été justement appelée le siècle de Périclès. Alors parurent Sophocle et Euripide, deux grands poëtes tragiques; Hérodote, surnommé le père de l'histoire; Aristophane, le plus célèbre poëte comique de l'antiquité; Anaxagore

grâce du peuple? — De quels malheurs fut-il affligé? — Ne fut-il pas rappelé au gouvernement? — Racontez ses

et Socrate, illustres philosophes. En même temps, Phidias exécutait ou dirigeait les admirables travaux qui firent la gloire d'Athènes : le Parthénon ou temple de Minerve, construit en marbre blanc par Ictinus et Callicrate, monument d'une beauté incomparable ; les Propylées, dus à l'architecte Mnésiclès, magnifiques vestibules qui ornaient l'entrée de l'Acropole ou haute ville; la statue colossale de Jupiter Olympien, celle de Minerve, faites d'ivoire et d'or, ouvrages de Phidias. La peinture ne fut pas moins en honneur, et il suffit de citer les noms des plus illustres artistes, Zeuxis, Parrhasius et Polygnote.

CHAPITRE XXX.

Successeurs de Périclès dans le gouvernement d'Athènes. Ruine de Platées. Paix de Nicias. — Alcibiade. Expédition de Sicile. Issue malheureuse de cette expédition. — Rappel d'Alcibiade. Prise d'Athènes. Fin de la guerre du Péloponèse.

88. Successeurs de Périclès dans le gouvernement d'Athènes. Ruine de Platées. Paix de Nicias. — Périclès, pendant sa glorieuse administration, avait contenu la multitude, sans jamais se laisser conduire par elle. Les hommes ambitieux, et la plupart incapables, qui lui succédèrent dans l'exercice du pouvoir ne surent que flatter le peuple en satisfaisant ses passions. Aussi la

derniers moments. — Dites ce que furent les lettres et les arts sous l'administration de Périclès.

Questions. — 88. Quels hommes succédèrent au pou-

guerre, qui se poursuivait avec un redoublement d'animosité, fut-elle marquée par des actes odieux.

Mitylène, la principale ville de Lesbos[1], assiégée par les Athéniens, dont elle avait abandonné la cause pour entrer dans la confédération péloponésienne, fut forcée de capituler et durement punie de sa révolte. Ses murs furent démolis, ses vaisseaux envoyés à Athènes, et les principaux citoyens, au nombre de mille, furent mis à mort.

Platées, la fidèle alliée d'Athènes, fut encore plus rigoureusement traitée par les Lacédémoniens. Les Platéens avaient résisté pendant deux ans à toutes les attaques de leurs ennemis, lorsque ceux-ci investirent la ville d'une double muraille et changèrent le siège en blocus. La famine se fit bientôt cruellement sentir. Par une nuit obscure et orageuse, deux cents Platéens franchirent les murailles à l'aide d'échelles, et ayant réussi à tromper l'ennemi sur la direction qu'ils prenaient, ils arrivèrent sains et saufs dans l'Attique. Ceux qui étaient restés dans la ville se rendirent, à la condition qu'ils seraient jugés selon les lois de la justice. Cinq commissaires venus de Lacédémone leur demandèrent si dans cette guerre ils avaient rendu quelque service aux Lacédémoniens et aux alliés. Comme ces malheureux demeuraient interdits, les juges

voir de Périclès ? -- Racontez comment furent traitées les villes de Mitylène et de Platées. — Qu'était-ce que

1. Ile de la mer Égée, sur la côte d'Asie.

impitoyables, répétant leur première demande, les firent tous mettre à mort l'un après l'autre. Deux cents Platéens et vingt-cinq Athéniens furent ainsi égorgés; les femmes furent réduites en servitude, et la ville fut entièrement rasée (427)..

Le corroyeur Cléon, homme sans courage, mais d'une arrogance et d'une audace peu communes, s'était rendu agréable à la multitude, dont il excitait les mauvaises passions. Grâce à un heureux hasard, il réussit dans une entreprise dirigée contre l'île de Sphactérie, où étaient renfermés quatre cents Spartiates qui furent tués ou forcés de se rendre. Il n'en devint que plus audacieux, et peu après il périt en Thrace dans un combat qu'il livra témérairement à Brasidas, général des Lacédémoniens. Nicias, l'un des plus illustres citoyens d'Athènes, homme aussi habile que prudent, entama des négociations pour la paix et réussit à faire conclure pour cinquante ans, entre les Athéniens et les Spartiates, un traité d'alliance qui fut appelé paix de Nicias (421).

89. Alcibiade. Expédition de Sicile. Issue malheureuse de cette expédition. — Il y avait alors à Athènes un jeune homme nommé Alcibiade, qui était parent de Périclès, et qui avait eu pour maître le célèbre philosophe Socrate. A toutes les grâces du corps Alcibiade joignait les plus brillantes qualités de l'esprit, mais aussi les vices les plus grossiers. Éloquent, possesseur de grandes richesses, libéral à l'excès, il s'était

Cléon? — Qu'appelle-t-on paix de Nicias? — 89. Quel était le caractère d'Alcibiade? — Comment se concilia-t-il

attiré toute la faveur du peuple. Du reste, il connaissait bien ce peuple léger et capricieux qu'il aspirait à gouverner. Il avait un chien magnifique qui lui avait coûté une somme très-considérable et dont tout le monde parlait dans la ville; il lui fit couper la queue, son plus bel ornement, disant à ses amis qui lui en faisaient des reproches : « Tant que les Athéniens s'occuperont de mon chien, ils ne diront rien de pis sur mon compte. »

Athènes, fière de sa puissance maritime, voulait l'étendre encore. Sous prétexte de secourir la ville d'Égeste, qui se disait opprimée par Syracuse, elle décréta qu'une expédition serait envoyée en Sicile et en confia le commandement à trois généraux, Alcibiade, Nicias et Lamachus (416). A peine arrivé en Sicile, Alcibiade reçut l'ordre de revenir à Athènes pour se justifier d'une accusation de sacrilége[1]. Connaissant l'inconstance du peuple et craignant une condamnation, il s'échappa et se réfugia à Sparte.

Cependant Syracuse assiégée par les Athéniens était sur le point de se rendre, lorsque le Lacédémonien Gylippe vint à son secours avec quelques troupes. Gylippe releva le courage des Syracusains, battit les Athéniens et les assiégea dans leurs retranchements. Athènes envoya en Sicile

la faveur du peuple? — Quelle expédition les Athéniens entreprirent-ils?—De quel crime Alcibiade fut-il accusé? — Que fit-il? — Racontez les événements et l'issue de

_____

1. Il était accusé d'avoir mutilé pendant la nuit les statues de Mercure placées dans les différents quartiers de la ville.

une nouvelle flotte et une nouvelle armée, sous le commandement de Démosthène[1]. Vaincus encore sur terre et sur mer, privés de leur flotte bloquée dans le port de Syracuse, les Athéniens se retirèrent par terre, abandonnant leurs blessés· et leurs malades. Manquant de vivres, sans cesse harcelés par l'ennemi, beaucoup d'entre eux périrent dans cette retraite désastreuse. Après quelques jours de marche, Nicias et Démosthène furent forcés de se rendre avec les débris de leur armée. Les Syracusains usèrent cruellement de la victoire : ils mirent à mort Nicias et Démosthène, et les autres prisonniers, au nombre de sept mille, furent enfermés dans des carrières profondes où la plupart succombèrent aux maux qu'ils eurent à souffrir pendant deux mois; ceux qui survécurent furent vendus comme esclaves.

90. Rappel d'Alcibiade. Prise d'Athènes. Fin de la guerre du Péloponèse. — Les Lacédémoniens profitèrent du désastre qui venait de frapper Athènes pour recommencer la guerre. Alcibiade, qui les aidait de ses conseils, leur étant devenu suspect, passa en Asie auprès du satrape Tissapherne, qu'il parvint à détacher de l'alliance des Péloponésiens. L'armée athénienne, qui était alors à Samos, l'appela à la commander, et peu après le peuple révoquait le décret de son bannis-

l'expédition de Sicile.— 90. Que fit Alcibiade lorsque la guerre recommença? — Comment fut-il reçu dans sa pa-

1. Il ne faut pas confondre ce général athénien avec le grand orateur Démosthène.

sement. Mais Alcibiade ne voulut rentrer dans sa patrie qu'après lui avoir rendu d'éclatants services par plusieurs victoires, et son retour à Athènes fut un véritable triomphe. Il fut nommé généralissime sur terre et sur mer. Sparte lui opposa Lysandre, général habile et peu scrupuleux, *qui savait coudre la peau du renard à celle du lion,* c'est-à-dire unir la ruse à la force.

Les Lacédémoniens s'étant emparés de quinze galères athéniennes dans un combat livré en l'absence et contre les ordres d'Alcibiade, le peuple ne le rendit pas moins responsable de ce revers et le dépouilla du commandement, qui fut donné à Conon et à neuf autres généraux. Conon remporta une victoire navale près des îles Arginuses, mais ce fut une victoire stérile. Peu après, Lysandre surprit à Ægos-Potamos la flotte athénienne, s'en rendit maître et fit trois mille prisonniers. Il alla aussitôt assiéger Athènes, qui, après six mois de résistance, fut forcée de se rendre. Les vainqueurs lui imposèrent les plus dures conditions ; ses murailles furent rasées, ses vaisseaux brûlés, et elle dut rester asservie à Sparte, sa rivale (404). Ainsi se termina la funeste guerre du Péloponèse.

trie? — Pour quel motif fut-il encore dépouillé du commandement? — Comment se termina la guerre du Péloponèse? — Quelles conditions furent imposées à Athènes?

CHAPITRE XXXI.

Les trente tyrans. Athènes délivrée par Thrasybule. Condamnation de Socrate. — Cyrus le Jeune. Retraite des Dix mille. Xénophon. — Agésilas en Asie. Bataille de Coronée. Traité d'Antalcidas.

91. Les trente tyrans. Athènes délivrée par Thrasybule. Condamnation de Socrate. — Lysandre fit occuper la citadelle d'Athènes par une garnison lacédémonienne et il imposa à cette malheureuse ville le gouvernement de trente magistrats, qui commirent tant de violences et de cruautés que l'histoire les a justement flétris du nom de tyrans. Dans l'espace de huit mois, ils firent périr environ quinze cents personnes et en forcèrent un plus grand nombre à s'expatrier, frappant les uns parce qu'ils étaient riches, les autres parce qu'ils inspiraient quelque crainte. Athènes trouva enfin un vengeur. Thrasybule, ayant réuni soixante-dix Athéniens, proscrits comme lui, s'empara d'une forteresse de l'Attique; un grand nombre d'autres proscrits étant venus se joindre à lui, il se rendit maître d'un des ports d'Athènes et battit l'armée des tyrans, qui furent contraints de se retirer.

A peine rendue à la liberté, Athènes se déshonora par la condamnation de Socrate, le plus

QUESTIONS. — 91. Racontez les cruautés que les trente tyrans exercèrent à Athènes.— Par qui cette ville fut-elle

vertueux des philosophes de l'antiquité païenne.
Fils d'un sculpteur, il exerça d'abord la profession de son père, et la quitta pour se livrer à l'étude de la sagesse. Cette sagesse, il ne se contenta pas de l'enseigner, il la pratiqua toute sa vie. Soumis aux lois, exact à remplir ses devoirs de citoyen, il ne se fit pas moins remarquer par son courage, en sauvant de la mort Alcibiade au siége de Potidée et Xénophon à la bataille de Délion.

Dans son enseignement, Socrate ne recherchait ni la gloire ni la richesse : il ne tenait point école, et ne faisait pas argent de sa parole, comme les sophistes[1] de son temps : c'était sur la place publique, dans des conversations familières, qu'il donnait à tous ceux qui voulaient l'entendre les leçons de la plus pure morale. Cependant il eut des ennemis qui l'accusèrent de pervertir la jeunesse, en lui apprenant à mépriser les dieux de l'État[2]. Cité en justice par Anytus et Mélitus[3], Socrate, qui était alors âgé de soixante-dix ans, fut déclaré coupable. Comme on lui laissait la faculté de fixer lui-même sa peine, il déclara que, pour les services qu'il avait rendus à sa patrie, il méritait d'être nourri le reste de ses jours dans le

délivrée ? — Donnez quelques détails sur Socrate. — De quoi fut-il accusé ?— Racontez sa condamnation et sa mort.

1. Les faux sages, charlatans de paroles.
2. Socrate, sans attaquer la religion de son pays, reconnaissait un Être suprême qui gouvernait l'univers.
3. Anytus était tanneur de profession, et Mélitus un mauvais poëte.

Prytanée[1] aux frais de l'État. Ses juges, irrités de cette noble fierté, le condamnèrent à boire la ciguë[2]. Une circonstance particulière ayant suspendu pendant un mois l'exécution de cette inique sentence, Socrate passa ce temps à s'entretenir dans sa prison avec ses disciples[3], leur parlant de l'immortalité de l'âme, de la vie future et des devoirs d'un bon citoyen. Lorsque l'esclave chargé d'administrer le poison se présenta, Socrate prit la coupe d'une main ferme et la vida d'un seul trait, au milieu des pleurs de ses amis (399).

92. **Cyrus le Jeune. Retraite des Dix mille. Xénophon.** — Cyrus le Jeune voulant disputer le trône de Perse à son frère Artaxerxès Mnémon, leva dans l'Asie Mineure, qu'il gouvernait, une armée de cent mille hommes, auxquels il joignit treize mille Grecs mercenaires que commandait le Spartiate Cléarque. Parti de Sardes, il s'avança jusqu'en Mésopotamie et rencontra à Cunaxa (401) l'armée d'Artaxerxès, bien supérieure en nombre. La bataille s'étant engagée, Cyrus, qui dans le fort de la mêlée avait blessé son frère de sa propre main, croyait déjà tenir la victoire;

—92. Quelle entreprise Cyrus le Jeune fit-il? — Combien de Grecs avait-il à son service? — Où livra-t-il bataille? — Quel fut son sort? — Par qui les Grecs furent-ils com-

1. Édifice public dans lequel une retraite honorable était assurée aux citoyens qui avaient bien mérité de leur pays.
2. C'était le poison qu'on donnait à ceux qui étaient condamnés à mort.
3. Les plus illustres disciples de Socrate furent Platon, Xénophon et Aristote.

mais son ardeur l'ayant emporté trop loin, il fut tué, et son armée, découragée, se dispersa. Les Grecs seuls, ne se laissant pas ébranler, repoussèrent toutes les attaques et purent regagner leur camp en bon ordre. Leur position n'était pas moins très-critique. Ils se décidèrent à retourner dans leur patrie, et alors commença cette retraite mémorable connue dans l'histoire sous le nom de *retraite des Dix mille.*

Cléarque et les autres généraux grecs, perfidement attirés à une entrevue par le satrape Tissapherne, périrent assassinés. Les soldats, en se voyant privés de leurs chefs, dans des pays inconnus, se livraient au désespoir, lorsque Xénophon[1], qui avait suivi l'expédition comme volontaire, s'offrit pour les guider et releva leur courage par de généreuses paroles. On lui déféra le commandement d'une voix unanime, et la petite armée, avec son chef intrépide, poursuivit sa marche à travers des déserts, des fleuves, des montagnes, supportant les plus rudes épreuves, et ayant sans cesse à combattre des peuplades ennemies. Enfin, elle atteignit les rivages de l'Hellespont : ce fut là le terme de cette longue et pénible retraite.

93. Agésilas en Asie. Bataille de Coronée. Traité d'Antalcidas. — Les Grecs d'Asie, menacés dans

mandés dans leur retraite?—Comment l'accomplirent-ils? — 93. Pourquoi les Grecs d'Asie demandèrent-ils du se-

1. Xénophon, entre autres ouvrages, a écrit l'histoire de la retraite des Dix mille.

leur indépendance par le roi de Perse Artaxerxès, qui voulait les punir de l'assistance qu'ils avaient prêtée à son frère Cyrus, implorèrent le secours de Lacédémone. Elle leur envoya huit mille hommes. Agésilas, roi de Sparte, qui les commandait, était boiteux et petit de taille; mais il rachetait ces défauts de la nature par des qualités remarquables, l'habileté, la prudence et une infatigable activité. Vainqueur des Perses dans plusieurs rencontres, il marchait vers le centre de leur empire, lorsqu'il reçut des éphores[1] l'ordre de revenir pour défendre sa patrie attaquée par une ligue qu'avaient formée Thèbes, Corinthe, Argos et Athènes. Agésilas s'empressa d'obéir. Arrivé en Béotie, il rencontra l'armée des confédérés dans les plaines de Coronée (394). Là, il y eut une lutte acharnée et sanglante; à la fin les Spartiates restèrent maîtres du champ de bataille, mais vainqueurs et vaincus étaient également affaiblis.

Dans le même temps, l'Athénien Conon, qui commandait la flotte des Perses, détruisait la flotte lacédémonienne près du promontoire de Cnide. Il profita de ce succès pour relever les murs d'Athènes et les fortifications du Pirée. Alors Sparte, craignant de voir Athènes recouvrer son ancienne grandeur et sacrifiant les in-

cours à Sparte? — Quels furent les succès d'Agésilas en Asie? — Pour quel motif fut-il rappelé dans sa patrie? — Racontez la bataille de Coronée. — Que fit l'Athénien

1. Magistrats qui, à Sparte, avaient un pouvoir supérieur à celui des rois.

térêts de toute la Grèce à son égoïsme, conclut avec le roi de Perse Artaxerxès le honteux traité d'Antalcidas[1], par lequel les villes grecques d'Asie étaient abandonnées à ce prince, et, de plus, il fut stipulé que toutes les villes grecques seraient indépendantes les unes des autres. Ainsi se trouvaient perdus les glorieux résultats des guerres médiques, et désormais la Grèce restait désunie.

CHAPITRE XXXII.

Prise de la citadelle de Thèbes par les Lacédémoniens. Pélopidas et Épaminondas. Délivrance de Thèbes. — Le bataillon sacré. Bataille de Leuctres. Expéditions d'Épaminondas dans le Péloponèse. — Mort de Pélopidas. Bataille de Mantinée. Mort d'Épaminondas.

94. Prise de la citadelle de Thèbes par les Lacédémoniens. Pélopidas et Épaminondas. Délivrance de Thèbes.—Les Lacédémoniens, fiers de leur alliance avec le roi de Perse, voulurent se venger des villes qui avaient pris parti contre eux dans la dernière guerre. Ils attaquèrent Mantinée, dont ils détruisirent les murailles, et forcèrent Olynthe à capituler. Phébidas, un de

Conon ? — Qu'est-ce que le traité d'Antalcidas et quelles en furent les conditions ?
QUESTIONS. — 94. Contre quelles villes les Lacédémo-

1. Le Spartiate Antalcidas donna son nom à ce traité, dont il fut le négociateur.

leurs généraux, s'empara par trahison de la
Cadmée, citadelle de Thèbes, et comme cet attentat avait soulevé l'indignation de toute la Grèce,
Sparte blâma en apparence Phébidas en le con-
damnant à une amende ; mais elle ne rendit pas la
Cadmée, et pendant quatre ans elle appuya toutes
les violences de la faction oligarchique[1], dont
les chefs exercèrent à Thèbes un pouvoir oppresseur. Quatre cents des principaux citoyens du
narti contraire, forcés de s'exiler, se réfugièrent
à Athènes.

Parmi ces bannis se trouvait Pélopidas, qui
appartenait à une famille riche et illustre, et qui
n'était pas moins distingué par ses talents et son
courage. L'amitié la plus étroite l'unissait à Épaminondas, et la véritable cause de cette constante
affection, c'était la vertu qui les guidait l'un et
l'autre dans toutes leurs actions. Épaminondas
était resté à Thèbes, où sa pauvreté et sa vie
simple et modeste, entièrement consacrée à l'é-
tude de la philosophie, n'inspiraient aucune inquiétude aux tyrans. Ces deux hommes devaient
bientôt, par leurs travaux et leurs succès, porter
au plus haut point la gloire de Thèbes.

Cependant Pélopidas, après s'être ménagé des
intelligences et des appuis dans Thèbes, prépa-
rait avec ses compagnons d'infortune les moyens

niens exercèrent-ils leur vengeance ? — De quel attentat
un de leurs généraux se rendit-il coupable ?—Qu'étaient-ce

1. Thèbes était alors divisée en deux partis ou factions : le
parti démocratique et le parti oligarchique.

de délivrer sa patrie. Douze d'entre eux, Pélopidas à leur tête, partirent d'Athènes, vêtus de simples manteaux, menant des chiens de chasse et portant des pieux à tendre les filets, pour ne donner aucun soupçon aux personnes qu'ils rencontreraient. Ils entrèrent ainsi dans la ville au commencement de la nuit, et, après s'être réunis aux amis qui les attendaient, ils surprirent les tyrans, les uns dans leur maison, les autres au milieu d'un festin, les tuèrent, et ils se répandirent aussitôt dans les rues, en appelant les citoyens aux armes. Le lendemain, au point du jour, les autres bannis, qui avaient été prévenus, arrivèrent à Thèbes, et la garnison lacédémonienne, vivement assiégée, fut forcée, faute de vivres, d'évacuer la Cadmée (479).

95. Le bataillon sacré. Bataille de Leuctres. Expéditions d'Épaminondas dans le Péloponèse. — — Une lutte était inévitable entre Sparte et Thèbes. Cette dernière ville s'y était préparée ; elle avait organisé un corps d'élite, qui reçut le nom de *bataillon sacré,* et qui était composé de trois cents jeunes Thébains, tous amis entre eux et engagés par serment à ne jamais fuir devant l'ennemi. Le combat de Tégyre, dans lequel Pélopidas, avec un petit nombre de soldats, défit complétement les Lacédémoniens, apprit pour la première fois aux Grecs que ce n'était pas seulement sur les bords de l'Eurotas que naissaient les guerriers intrépides, mais que partout où les jeunes gens redoutent plus le blâme que le danger, là sont des hommes qu'il faut craindre. Le bataillon sacré se couvrit de gloire dans ce combat.

Les Lacédémoniens étant entrés en Béotie sous la conduite de leur roi Cléombrote, les Béotiens marchèrent à leur rencontre et les joignirent dans la plaine de Leuctres. Épaminondas commandait en chef l'armée thébaine, bien inférieure à celle des Lacédémoniens sous le rapport du nombre des combattants; Pélopidas était à la tête du bataillon sacré. Épaminondas disposa ses troupes dans un ordre tout nouveau. Il porta toute l'élite de ses forces à l'aile gauche, qu'il forma en colonne serrée; laissant son aile droite éloignée de l'ennemi, il attaqua lui-même l'aile droite des Lacédémoniens, où Cléombrote se trouvait. Les Lacédémoniens, ne pouvant soutenir le choc des Thébains, furent enfoncés, et Cléombrote ayant été tué, la mort du roi décida la déroute. Les Thébains perdirent trois cents hommes, les Lacédémoniens quatre mille, parmi lesquels quatre cents Spartiates sur sept cents qui étaient à l'armée (371). Comme on félicitait Épaminondas d'un succès si glorieux : « Ce qui me rend le plus heureux, dit-il, c'est que mon père vit encore et qu'il jouira de cette gloire. »

démoniens? — Qu'était-ce que le bataillon sacré? — Racontez la bataille de Leuctres. — Que fit Épaminondas

La bataille de Leuctres fit perdre aux Lacédémoniens la suprématie qu'ils exerçaient depuis si longtemps en Grèce et donna des alliés aux Thébains. Épaminondas envahit à son tour le Péloponèse, ravagea la Laconie, et vint camper sur les hauteurs voisines de Sparte. La ville était dans la consternation; jamais les femmes lacédémoniennes n'avaient vu les feux d'un camp ennemi. Heureusement le vieil Agésilas veillait au salut de sa patrie; il prit les mesures les plus actives pour mettre Sparte à l'abri d'une attaque. Épaminondas, désespérant de la surprendre, seconda de tous ses efforts la reconstruction de Messène et la fondation de Mégalopolis[1], deux villes qui devaient tenir en échec la puissance de Sparte.

96. Mort de Pélopidas. Bataille de Mantinée. Mort d'Épaminondas. — Les Thessaliens, opprimés par Alexandre, tyran de Phères, ayant imploré le secours de Thèbes, Pélopidas partit avec un petit corps de troupes et rencontra à Cynocéphales[2] l'armée d'Alexandre, qu'il attaqua impétueusement et mit en désordre. Mais il se laissa emporter par son ardeur, en cherchant à atteindre le tyran, qui se cachait au milieu de

en envahissant le Péloponèse? — 96. Pour quel motif Pélopidas fit-il une expédition en Thessalie? — Comment mourut-il? — Racontez la bataille de Mantinée et la mort

1. Dans l'Arcadie.
2. Cynocéphales signifie *têtes de chiens*. C'était une plaine parsemée de petites hauteurs.

ses gardes; enveloppé d'ennemis, il tomba percé de coups, après avoir fait des prodiges de valeur. Sa mort excita des regrets universels.

Épaminondas, après deux nouvelles expéditions dans le Péloponèse, y entra une dernière fois et livra bataille aux Lacédémoniens auprès de Mantinée (363). Là, il prit encore les habiles dispositions qui avaient assuré son triomphe à Leuctres, et déjà l'armée ennemie était en déroute, lorsqu'il fut atteint d'un coup de lance dans la poitrine. On le rapporta dans sa tente; les médecins déclarèrent qu'il mourrait dès qu'on retirerait le fer qui était resté dans la blessure. Épaminondas demanda si son bouclier était sauvé, et à qui était restée la victoire; on lui montra son bouclier et on lui dit que les Thébains étaient vainqueurs. « C'est bien, dit-il, je puis mourir. » Comme ses amis gémissaient de le voir quitter la vie sans laisser de postérité : « Rassurez-vous, leur dit-il, je laisse deux filles immortelles, la victoire de Leuctres et celle de Mantinée. » Il arracha le fer de sa blessure et il expira presque aussitôt.

Thèbes, élevée un moment au faîte de la puissance par les talents de Pélopidas et d'Épaminondas, retomba dans sa faiblesse quand elle eut perdu ces deux grands hommes. La Macédoine allait, à son tour, exercer sa domination sur les États de la Grèce.

d'Épaminondas. — La puissance de Thèbes survécut-elle à ce grand homme?

CHAPITRE XXXIII.

La Macédoine. Philippe roi. La phalange macédonienne;
premières conquêtes de Philippe. — Guerre sacrée Intervention de Philippe en Grèce. L'orateur Démosthène. — Philippe
s'empare des Thermopyles. Bataille de Chéronée. Préparatifs
de Philippe contre les Perses.

**97. La Macédoine. Philippe roi. La phalange
macédonienne; premières conquêtes de Philippe.**
— La Macédoine, contrée montagneuse, était
située au nord de la Grèce. Gouvernée depuis
longtemps par des rois, elle resta faible et obscure jusqu'au moment où Philippe II, fils d'A-
myntas III, monta sur le trône. Tout jeune encore, Philippe avait été emmené à Thèbes comme
otage par Pélopidas; il fut élevé dans la maison
d'Épaminondas, et il apprit l'art de la guerre
sous ces deux hommes illustres. Le roi Perdic-
cas, son frère, étant mort en ne laissant pour
héritier qu'un enfant au berceau, Philippe s'é-
chappa de Thèbes, et, arrivé en Macédoine, il
gouverna comme tuteur de son jeune neveu (359);
mais bientôt après il fut proclamé roi par les
Macédoniens : il était alors âgé de vingt-trois
ans. Philippe s'attacha d'abord à pacifier son

QUESTIONS. — 97. Où était située la Macédoine ? —
Jusqu'à quelle époque ce royaume resta-t-il faible et
obscur? — Donnez quelques détails sur Philippe. —

royaume en ramenant les grands à l'obéissance et en écartant deux compétiteurs qui lui disputaient-la couronne. Il s'occupa ensuite du soin de rétablir la discipline dans l'armée, et il organisa la fameuse phalange macédonienne : c'était un corps d'infanterie dont les soldats, placés sur seize rangs de file et serrés les uns contre les autres, étaient armés de *sarisses*, c'est-à-dire de piques longues de sept mètres. Les soldats des cinq premiers rangs tenaient cette arme tournée vers l'ennemi, de telle sorte que les piques du second rang dépassaient de cinq mètres la première file de soldats, celles du troisième rang de quatre mètres, et ainsi de suite jusqu'à celles du cinquième, qui dépassaient encore d'un mètre cette même première file ; le front de la phalange était donc comme un mur tout hérissé de fer.

Après avoir soumis les peuples voisins, Péoniens et Illyriens, qui désolaient la Macédoine par de fréquentes incursions, Philippe attaqua l'une après l'autre les villes grecques du littoral de la Thrace ; il s'empara d'Amphipolis, de Pydna, de Potidée, de Crénides, nommée depuis Philippes, et ces conquêtes, en lui assurant la possession des riches mines d'or du mont Pangée, lui donnèrent les moyens d'acheter la faveur des citoyens influents dans les principales villes de la Grèce. En même temps il se fortifiait par une utile et puissante alliance, en

Quels furent les premiers soins de ce prince et ses premières conquêtes ?—Décrivez la phalange macédonienne.

épousant Olympias, fille du roi d'Épire, dont il eut bientôt un fils, qui fut Alexandre le Grand (336).

98. Guerre sacrée. Intervention de Philippe en Grèce. L'orateur Démosthène. — Les Phocidiens, accusés d'avoir labouré un champ consacré à Apollon, furent condamnés par le conseil des Amphictyons à payer une forte amende. Ils refusèrent de se soumettre à cette sentence et, après avoir pillé les trésors du temple de Delphes, ils se préparèrent à résister par la force des armes. Plusieurs peuples, entre autres les Thébains et les Thessaliens, s'unirent pour punir ces sacriléges, et la lutte qui s'ensuivit, connue sous le nom de guerre sacrée, fournit à Philippe l'occasion qu'il cherchait de s'immiscer dans les affaires des Grecs. Les Phocidiens ayant pénétré en Thessalie pour soutenir le tyran de Phères, Philippe accourut et leur fit essuyer une sanglante défaite : alors il se dirigea vers la Phocide avec son armée victorieuse, et il essaya de s'emparer du passage des Thermopyles. Mais les troupes athéniennes l'y avaient devancé et l'arrêtèrent dans son entreprise.

Philippe, par cette tentative, dévoilait ses desseins ambitieux. Un grand orateur, l'Athénien Démosthène, les avait devinés, et dès lors il consacra sa vie et son talent à les combattre. A l'âge de dix-sept ans, Démosthène plaida contre ses

— 98. A quelle occasion le roi de Macédoine put-il s'immiscer dans les affaires de la Grèce ? — Comment sa tentative sur les Thermopyles fut-elle déjouée ? — Quel est l'orateur qui combattit ses desseins ambitieux ? —

tuteurs qui l'avaient dépouillé de son bien : il gagna sa cause. Mais la première fois qu'il parut à la tribune pour parler devant le peuple, sa diction embarrassée, sa voix faible, son haleine courte, provoquèrent des rires et des huées. Il triompha de ces défauts par un travail opiniâtre : tantôt il s'exerçait à parler à haute voix en gravissant une montagne; tantôt, la bouche à moitié remplie de petits cailloux, il déclamait au bruit des vagues de la mer. Quand il reparut à la tribune, sa parole n'excita plus que de l'admiration. C'est dans les harangues si célèbres sous le nom de *Philippiques* qu'il déploya toutes les ressources de son éloquence pour sauver l'indépendance de la Grèce. Mais ces nobles efforts du génie et du patriotisme devaient échouer contre la ruse et la force du roi de Macédoine, et aussi contre la mollesse et l'imprévoyance du peuple athénien.

99. Philippe s'empare des Thermopyles. Bataille de Chéronée. Préparatifs de Philippe contre les Perses. — Après être resté en repos pendant deux ans, Philippe attaqua tout à coup la ville d'Olynthe, qui, secourue trop tard par les Athéniens, tomba en son pouvoir. Il franchit alors les Thermopyles, envahit la Phocide sans éprouver de résistance, et, ayant ainsi mis fin à la guerre sacrée, il se fit donner dans le conseil amphictyonique la place que les Phocidiens y avaient occupée (346).

Quelles causes devaient faire échouer les généreux efforts de Démosthène? — 99. Comment Philippe mit-il fin à la

Quelques années après, Philippe, cherchant un prétexte pour porter ses armes dans le centre de la Grèce, obtint des Amphictyons une sentence contre les Locriens d'Amphisse, déclarés sacriléges pour avoir labouré un champ consacré à Apollon. Il passe brusquement les Thermopyles et s'empare de la forte place d'Élatée, qui lui ouvrait l'entrée de la Béotie. A la voix de Démosthène, les Athéniens unissent leurs forces à celles des Thébains et marchent contre le roi de Macédoine. La bataille se livra à Chéronée, en Béotie (338). Philippe remporta une victoire complète, et dans cette journée la Grèce perdit son indépendance. Du moins les Grecs n'étaient pas tombés sans gloire; ils s'étaient montrés dignes de leurs ancêtres morts à Marathon, à Salamine et à Platées.

Philippe usa de sa victoire avec modération. Il accorda la paix aux Athéniens et renvoya sans rançon tous les prisonniers. Ensuite, dans une assemblée tenue à Corinthe, où il réunit les députés de toutes les villes grecques, il proposa la guerre contre les Perses et se fit nommer généralissime des troupes confédérées. De retour en Macédoine, il s'occupait des préparatifs de cette grande expédition, lorsqu'il fut assassiné par un

guerre sacrée ? — A quelle occasion franchit-il les Thermopyles? — De quelle place importante s'empara-t-il? — Que firent les Athéniens et les Thébains? — Quels furent les résultats de la bataille de Chéronée? — Que fut-il résolu à l'assemblée de Corinthe? — Comment périt Philippe?

jeune noble macédonien, nommé Pausanias, qui lui avait en vain demandé justice d'un outrage (336).

CHAPITRE XXXIV.

Alexandre le Grand; son caractère. Premiers actes de son règne. Destruction de Thèbes. — Guerre contre les Perses; passage du Granique. Le nœud gordien. Maladie d'Alexandre. — Bataille d'Issus. Soumission de la Syrie et de l'Égypte. Bataille d'Arbelles.

100. Alexandre le Grand; son caractère. Premiers actes de son règne. Destruction de Thèbes. — Alexandre était âgé de vingt ans lorsqu'il succéda à son père Philippe sur le trône de Macédoine. Son éducation avait été confiée à Aristote, illustre philosophe, regardé comme l'homme le plus savant de l'antiquité. Sous un tel maître, il prit un goût très-vif à l'étude des belles-lettres et s'appliqua avec la même ardeur à toutes les sciences connues de son temps. La lecture des poëmes d'Homère le charmait à un tel point qu'il les savait par cœur, et que la nuit il les mettait sous son chevet avec son épée. Passionné pour la gloire et les grandes choses, quand on venait lui apprendre que le roi Philippe avait remporté quelque victoire, il disait avec tris-

QUESTIONS. — 100. Qui succéda à Philippe sur le trône de Macédoine? — A qui l'éducation d'Alexandre fut-elle confiée? — Quel était le caractère de ce prince? — Quels

tesse : « Mon père ne me laissera donc rien à faire? » Ses amis l'engageant un jour à disputer les prix aux jeux Olympiques : « J'irais, leur répondit-il, si je devais avoir des rois pour rivaux. »

· Les grandes qualités d'Alexandre annonçaient un héros, et il montra dès le début de son règne ce qu'il était capable de faire. Les peuples voisins de la Macédoine, Thraces, Illyriens, Triballes, s'étaient révoltés ; il les châtia rudement et les força de se soumettre. En même temps la Grèce s'agitait : sur la fausse nouvelle qu'Alexandre avait péri en Thrace, les Thébains et les Athéniens, excités par Démosthène, avaient formé une ligue pour se soustraire à la domination de la Macédoine. En quelques jours, Alexandre traverse la Thessalie, franchit les Thermopyles et arrive devant Thèbes, dont il s'empare malgré la plus vive résistance, et qu'il détruit de fond en comble, n'épargnant que la maison de Pindare, par respect pour la mémoire de cet illustre poëte. Six mille Thébains avaient péri les armes à la main ; trente mille furent vendus comme esclaves. Cet acte de sévérité, en jetant la terreur dans les États de la Grèce, y comprima tout mouvement insurrectionnel.

101. Guerre contre les Perses; passage du Granique. Le nœud gordien. Maladie d'Alexandre. — Dans une nouvelle assemblée des représentants

furent ses premiers actes? — Racontez la destruction de Thèbes. — 101. Quel titre Alexandre reçut-il des représentants de la Grèce? — Avec quelles forces entreprit-il

de la Grèce tenue à Corinthe, Alexandre s'était fait conférer le titre de général en chef de la guerre résolue contre les Perses. Au moment où il achevait les préparatifs de cette expédition, il distribua son patrimoine et ses domaines à ses amis. « Que vous êtes-vous donc réservé? lui demanda un de ses officiers. — L'espérance, » répondit Alexandre. Il partit alors avec une armée de trente-cinq mille hommes et une flotte de cent soixante vaisseaux : il n'avait de vivres que pour un mois, et d'argent que soixante-dix talents[1]. C'est avec de si faibles ressources qu'il allait s'attaquer au puissant empire des Perses ; mais il avait pour lui son génie et la valeur incomparable de ses soldats.

Après avoir traversé l'Hellespont sans obstacle, Alexandre, arrivé en Asie, livra sa première bataille sur les bords du Granique[2], où les Perses l'attendaient pour lui disputer le passage de ce fleuve. Il les repoussa, malgré une vive résistance, et leur fit éprouver une sanglante défaite. Cette victoire lui donna la possession de presque toute l'Asie Mineure.

A Gordium, en Phrygie, il y avait dans le temple de cette ville un char sacré dont le joug était attaché au timon par un nœud fait avec

l'expédition contre les Perses ? — Quelle est la première victoire qu'Alexandre remporta sur les Perses ? — Qu'était-ce que le nœud gordien ? — Racontez la maladie

1. 385,000 fr.
2. Petit fleuve qui se jette dans la Propontide.

tant d'art et tant de fois replié sur lui-même qu'on ne pouvait en apercevoir les bouts. Un ancien oracle promettait l'empire de l'Asie à celui qui délierait ce nœud. Alexandre le trancha d'un coup d'épée, et personne ne douta qu'il n'eût accompli l'oracle.

A Tarse, en Cilicie, Alexandre s'étant baigné, tout couvert de sueur, dans les eaux froides du Cydnus, fut pris d'une fièvre violente qui mit sa vie en danger. Parmi les médecins, Philippe d'Acarnie fut le seul qui osa promettre au roi de le guérir, s'il consentait à prendre un breuvage qu'il venait de préparer. Dans ce moment, Alexandre recevait une lettre de Parménion qui l'avertissait de se méfier de ce médecin, qu'on disait vendu au roi de Perse. Alexandre, présentant d'une main la lettre à Philippe, prit de l'autre la coupe qui contenait le breuvage, et la vida d'un trait sans laisser paraître le moindre soupçon. Cette magnanime confiance ne fut point trompée ; peu de jours après, Alexandre avait recouvré la santé.

102. Bataille d'Issus. Soumission de la Syrie et de l'Égypte. Bataille d'Arbelles. — Cependant le roi de Perse, Darius Codoman, s'avançait avec une nombreuse armée. Alexandre l'atteignit à Issus, au milieu des montagnes de la Cilicie, et remporta une victoire complète. Darius prit la fuite, laissant au pouvoir des Macédoniens les immenses richesses de son camp. Alexandre,

d'Alexandre et sa noble confiance dans son médecin. — 102. Quelle nouvelle défaite les Perses éprouvèrent-ils ? —

étant entré dans la tente du roi de Perse, ne put
voir sans étonnement la grande quantité de
vases, d'urnes, de boîtes à parfums, la magnificence des lits et des tables. « Est-ce là, dit-il en
se retournant vers ses officiers, est-ce là ce qui
s'appelle régner? » Au nombre des captifs étaient
la mère, la femme et les filles de Darius, qui
furent traitées avec les plus grands égards.
Alexandre alla lui-même les visiter, accompagné
d'Éphestion, le plus cher de ses amis. La mère
de Darius adressait ses remerciements à Éphestion, qu'elle prenait pour le roi, parce qu'il était
d'une taille plus élevée. Avertie de son erreur,
elle se jeta toute confuse aux pieds d'Alexandre.
Le roi, la relevant avec bonté, lui dit : « Vous ne
vous étiez pas trompée, ma mère, celui-ci est
un autre Alexandre. »

Avant de poursuivre Darius dans sa fuite,
Alexandre voulut se rendre maître des provinces
maritimes, afin de ne laisser aucun ennemi derrière lui. Il soumit la Syrie, la Phénicie, prit la
ville de Tyr après un siége de sept mois, occupa
sans opposition l'Égypte, où il fonda la ville
d'Alexandrie, et alla consulter le fameux oracle
d'Ammon, qui, pour flatter son orgueil, le déclara fils de Jupiter. Alors Alexandre, quittant
l'Égypte, traversa de nouveau la Syrie, franchit
l'Euphrate et le Tigre, et joignit l'armée des
Perses dans la plaine d'Arbelles, où il remporta

Comment Alexandre traita-t-il la famille de Darius? —
Quelles provinces soumit-il ? — Racontez la bataille

une victoire décisive qui lui soumit toutes les capitales de l'empire, Babylone, Suse, Persépolis, Ecbatane. Pendant ce temps, Darius fuyait vers les provinces septentrionales. Alexandre l'y suivit à marches forcées ; mais, arrivé aux frontières de l'Hyrcanie, il apprit que ce malheureux prince avait été assassiné par Bessus, satrape de la Bactriane. Il se mit alors à la poursuite du meurtrier, qui lui fut bientôt livré, et qui expia son crime dans les supplices.

CHAPITRE XXXV.

Expédition dans l'Inde. Le roi Porus. Siége de la ville des Mal-liens.— Voyage de Néarque. Retour d'Alexandre. Souffrances de son armée. — Alexandre à Babylone. Sa mort. Ses grandes qualités et ses vices.

103. Expédition dans l'Inde. Le roi Porus. Siége de la ville des Malliens. — Après avoir soumis la Bactriane et la Sogdiane, Alexandre se dirigea vers l'Inde. Il traversa l'Indus, et reçut la soumission de Taxile, un des rois de cette contrée. Un autre roi, nommé Porus, voulut résister au conquérant ; il fut vaincu sur les bords de l'Hydaspe, fait prisonnier et amené devant Alexandre, qui lui demanda comment il prétendait être

d'Arbelles. — Quels en furent les résultats ? — Comment périt Darius ?

QUESTIONS. — 103. Racontez l'expédition d'Alexandre dans l'Inde. — Comment traita-t-il Porus ? — Pourquoi

traité. « En roi, » répondit Porus. « Ne veux-tu
rien de plus ? » lui dit Alexandre. « Tout est
compris dans ce mot, » répliqua Porus.
Alexandre, touché de cette noble fierté, lui
rendit ses États et y ajouta même de nouvelles·
possessions. Arrivé à l'Hyphase, Alexandre voulut aller plus loin, jusqu'au Gange; mais ses
soldats, rebutés par tant de fatigues, effrayés des
dangers auxquels ils allaient être encore exposés,
refusèrent de le suivre. Voyant que ni ses me-
naces ni ses prières ne pouvaient vaincre leur
résolution, il se résigna à donner l'ordre du
départ, après avoir élevé sur les bords de l'Hyphase douze autels d'une grandeur prodigieuse,
pour marquer le terme de ses conquêtes.

Alexandre, forcé de revenir ainsi sur ses pas,
descendit l'Hydaspe jusqu'à la jonction de cette
rivière avec l'Indus, et ce dernier fleuve jusqu'à
l'Océan, attaquant les villes qui se trouvaient sur
sa route et soumettant le pays des environs. Au
siége de la ville des Malliens[1], il courut les plus
grands dangers. Après avoir chassé à coups de
traits les ennemis de dessus les murailles, il y
monta le premier par une échelle qui se rompit
au moment où il atteignait le haut du mur. Il
était là, avec deux de ses officiers, exposé aux
coups des barbares qui du pied du mur lançaient
une grêle de flèches. Alors Alexandre, n'écou-
tant que son courage, s'élance dans l'intérieur

fut-il forcé de revenir sur ses pas? — Quel danger cou-

1. Tribu indienne.

de la ville au milieu des ennemis; l'épée à la main, il les tenait en respect, et en avait tué plusieurs, lorsqu'il tomba frappé d'une flèche dans la poitrine. Les deux officiers qui l'avaient suivi lui font un rempart de leur corps, et en même temps les Macédoniens, pénétrant en foule dans la ville, repoussent l'ennemi, enlèvent Alexandre et l'emportent évanoui dans sa tente.

104. Voyage de Néarque. Retour d'Alexandre. Souffrances de son armée.—Pendant qu'Alexandre, guéri de la blessure qui avait mis sa vie en danger, reprenait avec son armée la route de terre pour regagner la Perse, sa flotte, sous les ordres de Néarque, allait reconnaître les côtes de l'Océan depuis l'embouchure de l'Indus jusqu'au golfe Persique. Dans sa retraite à travers des contrées désertes et stériles, l'armée d'Alexandre eut à supporter les plus cruelles souffrances. Beaucoup de soldats, et surtout les bêtes de somme, y périrent de l'excès de la chaleur et de la soif. Ils étaient arrêtés par des amas de sables brûlants, où ils enfonçaient comme dans la vase ou dans la neige, et souvent ils y demeuraient ensevelis. Alexandre donnait à ses soldats l'exemple de la patience et de la fermeté, en partageant leurs peines. Un jour quelques-uns d'entre eux lui apportèrent un peu d'eau qu'ils avaient trouvée dans le creux d'un rocher. Alexandre la reçut en les remerciant; mais, au lieu de la boire, il

rut-il au siége de la ville des Malliens? — 104. Quel voyage Néarque entreprit-il avec la flotte? — Racontez les souffrances que l'armée macédonienne eut à suppor-

la répandit sur le sable en leur présence. Enfin, l'armée macédonienne, après avoir traversé la Gédrosie, parvint en Carmanie, où elle put se refaire de ses privations et de ses fatigues par l'abondance des vivres que les habitants lui fournirent. C'est là aussi que Néarque rejoignit Alexandre; il avait accompli en quatre mois son mémorable voyage[1] dans des mers qu'aucun vaisseau des Grecs n'avait encore visitées.

105. Alexandre à Babylone. Sa mort. Ses grandes qualités et ses vices. — De retour en Perse, Alexandre, après quelque séjour à Suse, revint à Babylone, où la mort le surprit au milieu des desseins qu'il méditait pour consolider son empire et y ajouter peut-être de nouvelles conquêtes. A la suite d'excès de table, il fut pris d'une fièvre violente qui l'emporta au bout de dix jours ; il n'avait pas trente-trois ans (323).

La mort d'Alexandre excita des regrets universels, non pas seulement en Macédoine, mais aussi chez les Perses et chez tous les peuples qu'il avait vaincus. C'est qu'en effet sa politique envers ces peuples avait été aussi habile que généreuse. Il les traitait avec douceur, respectait leurs coutumes, et s'appliquait à augmenter leur prospérité par des travaux utiles, fondant ici des

ter par la route de terre ? — Quel bel exemple Alexandre donna-t-il à ses soldats ? — 105. De quels soins Alexandre s'occupa-t-il à son retour à Babylone ? — A quel âge

---

1. La relation du voyage de Néarque nous a été conservée par Arrien, un des historiens du règne d'Alexandre.

villes[1], là des ports et des chantiers. Il travailla à établir une fusion entre les Perses et les Macédoniens pour n'en former qu'un seul peuple et faire pénétrer la civilisation grecque dans les contrées de l'Orient. Si l'histoire doit louer Alexandre pour ce qu'il fit de bien, elle doit aussi lui reprocher ses mauvaises actions. Son orgueil était poussé jusqu'à la démence; il voulut être adoré comme un dieu. Dans un festin, égaré par l'ivresse et la colère, il tua de sa main le brave et fidèle Clitus, qui lui avait sauvé la vie au passage du Granique, et dont le seul crime était une liberté de langage qui avait offensé l'orgueil du roi. Un autre meurtre non moins odieux fut celui du philosophe Callisthène, injustement accusé de conspiration.

CHAPITRE XXXVI.

Démembrement de l'empire d'Alexandre. Soulèvement de la Grèce. Mort de l'orateur Démosthène. — Phocion mis en jugement. Sa mort. Ses funérailles. — Invasion des Gaulois en Grèce. Ligue achéenne. Aratus; délivrance de Sicyone.

106. Démembrement de l'empire d'Alexandre. Soulèvement de la Grèce. Mort de l'orateur Démosthène. — L'empire fondé par Alexandre s'éten-

mourut-il ?—Que doit-on louer et blâmer dans ce prince?
Questions. — 106. Quelle était l'étendue de l'empire

1. Entre autres les villes d'Hérat et de Kandahar, qui subsistent encore.

dait depuis la mer Adriatique jusqu'à l'Hyphase et depuis le Danube jusqu'à la mer Érythrée; il était partagé en trente-quatre grandes provinces. Cet empire, le plus vaste qu'on eût encore vu, ne survécut pas à son fondateur. Alexandre n'avait point désigné de successeur[1], et, à ses derniers moments, comme ses capitaines lui demandaient à qui il laissait l'empire, il avait répondu cette seule parole : « Au plus digne. » C'était les inviter à se disputer son héritage les armes à la main. Il y eut en effet entre tous ces ambitieux vingt-deux années de guerres durant lesquelles les plus faibles succombèrent aux attaques des plus forts, et la famille d'Alexandre elle-même fut entièrement exterminée. La bataille d'Ipsus (301) décida que la monarchie d'Alexandre formerait quatre royaumes : Macédoine, Thrace et Asie Mineure, Égypte, Syrie. La Macédoine échut à Cassandre, l'Égypte à Ptolémée, qui fonda la dynastie des Lagides, et la Syrie à Séleucus, qui fonda la dynastie des Séleucides. Lysimaque eut en partage la Thrace et l'Asie Mineure ; mais après la mort de ce prince, en 281, son royaume fut réuni à celui de Syrie.

Pendant que les généraux d'Alexandre se disputaient les provinces de son empire, la Grèce se soulevait pour recouvrer son indépendance.

d'Alexandre? — Après quels événements et de quelle manière cet empire fut-il partagé? — Que firent les Grecs après la mort d'Alexandre? — Par qui ces mou-

1. Alexandre laissait un enfant au berceau et un frère imbécile.

A la nouvelle de la mort d'Alexandre, les Athéniens et les Étoliens avaient pris les armes, et dix-neuf peuples de la Grèce centrale et du Péloponèse se joignirent à eux. Antipater, gouverneur de la Macédoine, marcha contre les confédérés; vaincu dans un premier combat à Lamia, en Thessalie, il remporta une victoire décisive à Cranon (322). La ligue fut dissoute, et Athènes se soumit. Antipater lui imposa pour conditions de recevoir une garnison macédonienne à Munichie et de livrer Démosthène. Le grand orateur s'était réfugié dans un temple de l'île de Calaurie. Quand il sut que les satellites d'Antipater arrivaient pour le saisir, il avala un poison violent qu'il tenait caché dans le poinçon dont il se servait pour écrire : il ne voulait pas tomber vivant entre les mains de ses ennemis.

107. Phocion mis en jugement. Sa mort. Ses funérailles. — Athènes se déshonora bientôt par la mort d'un autre illustre citoyen, de Phocion, chef du parti aristocratique. Homme de mœurs austères, d'une probité incorruptible, habile et vaillant général, Phocion avait rendu de grands services à sa patrie. Polysperchon, qui avait remplacé Antipater comme régent en Macédoine, ayant rétabli à Athènes le gouvernement démocratique, le parti populaire mit en jugement Phocion, alors âgé de plus de quatre-vingts ans, et le condamna à boire la ciguë. Comme on le conduisait en prison, ses ennemis le suivaient

vements furent-ils comprimés? — Racontez la mort de Démosthène. — 107. Qu'était-ce que Phocion? — Par

en l'accablant d'injures ; l'un d'eux eut même l'infamie de lui cracher au visage. Phocion, se tournant vers les magistrats, leur dit d'un air tranquille : « Personne ne réprimera-t-il l'indécence de cet homme ? » Quelqu'un de ses amis lui ayant demandé s'il n'avait rien à faire dire à son fils Phocus : « J'ai à lui recommander, répondit-il, de ne conserver aucun ressentiment de l'injustice des Athéniens. »

Cependant les ennemis de Phocion, trouvant sans doute qu'il manquait quelque chose à leur triomphe, firent décréter que son corps serait porté hors du territoire de l'Attique, et que nul Athénien ne pourrait donner du feu pour faire ses funérailles. Aucun de ses amis n'osa seulement toucher à son corps ; mais un certain Conopion, accoutumé à vivre de ces sortes de fonctions, transporta le corps au delà des terres d'Éleusis et le brûla avec du feu pris sur le territoire de Mégare.

108. Invasion des Gaulois en Grèce. La ligue achéenne. Aratus ; délivrance de Sicyone. — Vers l'année 279, un grand nombre de Gaulois, partis de l'extrémité occidentale de l'Europe, envahirent à la fois la Thrace, la Thessalie et la Macédoine, qu'ils ravagèrent cruellement. Ils furent arrêtés aux Thermopyles par une armée grecque composée de quelques peuples confédérés ; mais ils pénétrèrent en Phocide par le sentier que les

qui fut-il mis en jugement et condamné à mort ? — Comment supporta-t-il cette injustice ? — Racontez ses funérailles. — 108. Racontez l'invasion des Gaulois en Grèce.

soldats de Xerxès avaient suivi, et marchèrent vers le temple de Delphes pour en piller les trésors. Au milieu de l'épouvante où les jeta un violent orage accompagné de tremblement de terre, ils furent attaqués par les Grecs, qui en firent un grand carnage; la plupart de ceux qui échappèrent à cette défaite périrent de froid et de faim.

Après la bataille d'Ipsus, le royaume de Macédoine avait été troublé pendant trente ans par les rivalités des divers prétendants qui s'en disputaient la possession. Antigone Gonatas, qui en devint maître en 272, y affermit sa puissance et put transmettre la couronne à ses descendants. Antigone étendit bientôt sa domination sur une grande partie de la Grèce centrale et du Péloponèse. La plupart des villes grecques étaient gouvernées par des tyrans dévoués aux rois de Macédoine. Un illustre citoyen de Sicyone, nommé Aratus, entreprit de délivrer sa patrie et de relever la Grèce de son abaissement.

Aratus, étant encore enfant, avait vu son père mis à mort par le tyran de Sicyone. Sauvé lui-même avec peine, et conduit à Argos, il y était en exil depuis treize ans, lorsque, s'étant associé quelques bannis et ayant pris à sa solde un petit nombre de soldats, il parvint à pénétrer avec eux dans les murs de Sicyone pendant la nuit. Beaucoup de citoyens se joignirent à lui; et tous coururent au palais du tyran, qui se sauva par des souterrains et sortit de la ville.

— Quel fut l'état de la Macédoine jusqu'au moment où

Après avoir affranchi Sicyone, Aratus la fit entrer dans la ligue achéenne, confédération que douze petites villes de l'Achaïe avaient formée entre elles pour défendre leur indépendance et leurs intérêts communs. Nommé stratége ou général en chef des Achéens, Aratus s'empara de la citadelle de Corinthe, qui était au pouvoir des Macédoniens. En même temps il rendit la liberté aux Corinthiens, qui se réunirent à la ligue achéenne, ainsi que les villes de Mégare, de Trézène, d'Épidaure. Après plusieurs tentatives infructueuses, il entra dans Athènes, en chassa la garnison macédonienne, et il acheva de délivrer de leurs tyrans les villes du Péloponèse.

CHAPITRE XXXVII.

Situation de Sparte. Réformes tentées par Agis. Cléomène. — Philippe III, roi de Macédoine. Flaminius en Grèce. Philopœmen; sa mort. — Persée; sa défaite. Destruction de Corinthe. La Macédoine et la Grèce réduites en provinces romaines.

109. Situation de Sparte. Réformes tentées par Agis. Cléomène. — Sparte avait refusé d'accéder à la ligue achéenne. Depuis longtemps déjà les institutions qui avaient fait la force et la gloire de cette ville y étaient tombées dans le plus pro-

Antigone Gonatas en devint roi?— Qu'était-ce qu'Aratus? — Que fit-il après avoir délivré Sicyone?
QUESTIONS. — 109. Quelle était alors la situation de

fond oubli. Les richesses et le luxe avaient perverti les anciennes mœurs. Le roi Agis IV entreprit de remettre en vigueur la législation de Lycurgue et proposa au sénat un décret portant l'abolition des dettes et le partage des terres. Cette réforme, qui dépossédait les riches au profit des pauvres, souleva une violente opposition, et le principal ennemi d'Agis fut son collègue, le roi Léonidas. Le malheureux Agis, traduit devant un tribunal qui l'avait condamné d'avance, fut jeté en prison et mis à mort avec sa mère et son aïeule, qui s'étaient généreusement associées à ses desseins (239).

Cléomène, fils et successeur de Léonidas, ayant épousé la veuve d'Agis, résolut d'accomplir la réforme tentée par ce prince; mais, avant d'agir, il voulut avoir une armée sur laquelle il pût compter pour l'exécution de ses desseins. Il saisit l'occasion de faire la guerre aux Achéens, les battit deux fois, et, revenant victorieux à Sparte, il fit procéder au partage des terres et remit en vigueur les règlements de Lycurgue pour l'éducation de la jeunesse et les repas publics. Cléomène recommença la guerre : il vainquit encore les Achéens, et leur proposa la paix à la condition qu'il serait nommé général des troupes confédérées. Les Achéens et leur chef Aratus, redoutant de voir étendre aux autres villes du Péloponèse les réformes accomplies à Sparte, re-

Sparte? — Racontez les tentatives du roi Agis et sa mort. — Comment Cléomène réussit-il à rétablir les institutions de Lycurgue ? — A qui fit-il la guerre ? — Où et par ui

poussèrent la proposition de Cléomène et appelèrent à leur aide le roi de Macédoine, Antigone Doson[1]. Une bataille décisive se livra à Sellasie, près de Sparte (221). Cléomène y fut vaincu et s'enfuit en Égypte : l'armée lacédémonienne avait été presque entièrement détruite.

110. Philippe III, roi de Macédoine. Flaminius en Grèce. Philopœmen ; sa mort. — Le nouveau roi de Macédoine, Philippe III, successeur d'Antigone Doson, tenait sous sa domination la plus grande partie des États de la Grèce. Il rêvait aussi la conquête de l'Italie, et il conclut un traité d'alliance avec Annibal et les Carthaginois. C'était provoquer de redoutables ennemis, les Romains, qui avaient déjà mis le pied en Illyrie. Battu à l'embouchure de l'Aoüs par le préteur Lévinus, Philippe se vit forcer de brûler ses vaisseaux pour ne pas les laisser tomber au pouvoir des Romains. Il se hâta de faire la paix. Mais au lieu de mettre tous ses soins à s'attacher les peuples de la Grèce, il se les aliénait par une conduite imprudente et criminelle. Ainsi il ravagea le territoire des Messéniens, pour les punir de l'avoir empêché de s'emparer de la forteresse d'Ithôme ; il fit empoisonner Aratus, et tenta de faire assassiner Philopœmen, le nouveau chef de la ligue achéenne, et l'un des plus

fut-il vaincu? — 110. Comment Philippe III s'attira-t-il une guerre avec les Romains? — Où fut-il vaincu? — Quelle fut sa conduite envers les peuples de la Grèce?

1. Il avait usurpé le trône au détriment de son jeune neveu Philippe III, fils de Démétrius, successeur d'Antigone Gonatas.

illustres citoyens de Mégalopolis. Aussi les Romains réussirent à détacher de lui la plupart de ses alliés grecs, et quand ils lui déclarèrent de nouveau la guerre, parce qu'il n'observait pas les conditions de la paix qu'il avait jurée, il fut complétement défait à Cynocéphales par le proconsul Flaminius, qui lui imposa un traité humiliant (197).

Peu après, Flaminius proclama aux jeux Isthmiques l'indépendance de tous les États de la Grèce. Les Grecs accueillirent cette proclamation avec les transports du plus vif enthousiasme : ils ne comprenaient pas que la politique des Romains était de les désunir pour les rendre plus faibles. Philopœmen, voyant bien de quels dangers la Grèce était menacée, réussit à faire entrer dans la ligue achéenne tous les peuples du Péloponèse. Il avait soixante-dix ans, et il était à Argos, malade de la fièvre, lorsqu'il apprit que Messène, à l'instigation des Romains, s'était détachée de la ligue. Il monte aussitôt à cheval, arrive le même jour à Mégalopolis, y rassemble une petite troupe de cavalerie et marche contre les Messéniens. Surpris par des forces supérieures, et ne songeant qu'à protéger la retraite de ses cavaliers, il tombe de cheval et est fait prisonnier : accablé d'indignes outrages, conduit à Messène et jeté dans une prison, il est forcé de boire la ciguë. La mort de ce grand citoyen, qui fut appelé le dernier des Grecs,

— Quelle nouvelle défaite éprouva-t-il ? — Que fit Fla-

excita les plus vifs regrets chez tous les peuples dont se composait la ligue achéenne.

111. Persée; sa défaite. Destruction de Corinthe. La Macédoine et la Grèce réduites en provinces romaines. — Persée, fils et successeur de Philippe III, continua les préparatifs de son père pour renouveler la guerre contre les Romains. Après avoir résisté pendant quelques années, il fut enfin vaincu à Pydna par le consul Paul Émile (168). Emmené à Rome derrière le char de triomphe de son vainqueur, il fut ensuite jeté dans un cachot, où ses geôliers le laissèrent, dit-on, mourir de faim. Vingt ans après, la Macédoine, qui s'était soulevée sous la conduite d'un aventurier nommé Andriscus, fut déclarée province romaine (148).

La Grèce eut bientôt le même sort. Les Achéens ayant outragé les ambassadeurs que les Romains leur avaient envoyés pour terminer les différends qui s'étaient élevés entre eux et Sparte, Rome leur déclara la guerre. Le consul Mummius anéantit à Leucopétra, près de l'isthme de Corinthe, la dernière armée de la ligue achéenne : il prit et brûla Corinthe ; Thèbes et Chalcis furent démantelées, et la Grèce entière fut réduite en province romaine sous le nom de *Province d'Achaïe* (146).

minius ? — Racontez la mort de Philopœmen. —111. Que fit Persée ? — Où et par qui ce prince fut-il vaincu ? — Quel fut son sort ? — Que devint la Macédoine ? — Après quels événements la Grèce fut-elle réduite en province romaine ?

Les colonies grecques d'Europe et d'Asie, les royaumes de Syrie et d'Égypte formés des débris de l'empire d'Alexandre, devaient aussi passer à leur tour sous la domination romaine.

CHAPITRE XXXVIII.

Religion des Grecs; fêtes; jeux solennels. — Lettres et sciences en Grèce. — Beaux-arts : architecture, sculpture et peinture.

112. Religion des Grecs; fêtes ; jeux solennels. — Les Grecs avaient reçu des Égyptiens la plupart de leurs croyances religieuses, avec leurs superstitions. Ils rendaient un culte public à un grand nombre de divinités, dont les principales étaient Jupiter, Neptune, Bacchus, Junon, Cérès, Minerve. Ils avaient divinisé les astres, le ciel, la terre, les eaux, en un mot, la nature entière, de sorte, dit Bossuet, que « tout était dieu, excepté Dieu lui-même. »

Les Grecs avaient institué en l'honneur de leurs principales divinités des fêtes solennelles qu'ils célébraient avec une grande pompe : c'étaient les Thesmophories, dédiées à Cérès législatrice; les Dionysiaques, consacrées à Bacchus; les Panathénées, instituées en l'honneur de Minerve, et auxquelles prenaient part tous les peuples de l'Attique. Tous les assistants tenaient à la main une branche d'olivier, arbre consacré à Minerve la protectrice d'Athènes.

QUESTIONS. — 112. Quelles étaient les principales divinités adorées en Grèce? — Quelles étaient les fêtes re-

On célébrait en Grèce des jeux solennels qui avaient été institués par des héros fameux : tels étaient les jeux Olympiques, les jeux Néméens, les jeux Isthmiques, où l'on se disputait le prix de la force et de l'adresse. Les jeux Olympiques, qui tenaient le premier rang entre tous, se célébraient de quatre en quatre ans en l'honneur de Jupiter Olympien, dans le territoire d'Olympie, près de Pise en Élide. Dans ces jeux, qui attiraient un grand nombre de spectateurs et de combattants, les vainqueurs ne recevaient d'autre récompense qu'une simple couronne d'olivier ou de laurier, et cependant les Grecs ne croyaient pas qu'il fût permis à un mortel de porter plus haut ses désirs. Les plus grands honneurs étaient réservés à ceux surtout qui remportaient la victoire dans les jeux Olympiques : on les reconduisait dans leur ville natale sur un char de triomphe, et ils avaient droit aux premières places dans les assemblées publiques.

113. Lettres et sciences en Grèce. — Les monuments littéraires de la Grèce, placés à juste titre au rang des chefs-d'œuvre de l'esprit humain, ont toujours été et sont encore étudiés et admirés chez tous les peuples.

Homère est le plus ancien comme le plus grand des poëtes grecs dont les ouvrages nous sont parvenus : il a été déjà parlé de ses deux poëmes, l'Iliade et l'Odyssée. Parmi les poëtes qui se suc-

ligieuses les plus importantes? — Donnez quelques détails sur les jeux solennels de la Grèce. — 113. Quels sont les poëtes les plus illustres qui parurent après

cédèrent presque sans interruption depuis Homère, on doit nommer Archiloque, poëte satirique; Tyrtée, qui enflammait le courage des guerriers par ses chants remplis du plus vif enthousiasme; Pindare, le plus sublime des poëtes lyriques; Aristophane et Ménandre, poëtes comiques; Eschyle, le véritable créateur de la tragédie; Sophocle, le poëte tragique le plus parfait de l'antiquité; Euripide, qui fut le rival de Sophocle, et quelquefois son rival heureux.

L'éloquence brilla d'un vif éclat en Grèce. Thémistocle, Cimon, Périclès, Phocion, étaient de grands orateurs; mais le talent de la parole ne fut pour eux qu'un moyen de gouverner leur patrie. On désigne plus particulièrement sous le nom d'orateurs les hommes pour lesquels l'étude et l'enseignement de l'art oratoire devinrent une profession, dans laquelle s'illustrèrent surtout Lysias, Isocrate, Eschine, et au-dessus de tous Démosthène, dont l'éloquence a été rarement égalée et n'a jamais été surpassée.

La Grèce a produit trois grands historiens, Hérodote, Thucydide et Xénophon. Hérodote d'Halicarnasse composa en neuf livres une histoire qui commence à Cyrus et finit à la bataille de Mycale. Il la lut aux jeux Olympiques et aux fêtes des Panathénées, et elle excita un si vif enthousiasme que les Grecs, dans leur admiration, donnèrent à chacun des livres de cette histoire

Homère? — Nommez les orateurs les plus remarquables. — Donnez quelques détails sur les historiens Hérodote,

le nom d'une des neuf Muses. Thucydide, né dans un bourg de l'Attique, est regardé comme le premier des historiens politiques; il a écrit l'histoire des vingt et une premières années de la guerre du Péloponèse. Xénophon, né à Athènes, a composé une histoire de la Grèce qui commence au moment où finit celle de Thucydide et qui se poursuit jusqu'à la bataille de Mantinée. Comme on l'a déjà vu, il commandait la retraite des Dix mille, dont il a aussi écrit l'histoire.

Platon et Aristote sont les philosophes les plus célèbres par les écrits qu'ils ont laissés. Platon fut le chef de l'école connue sous le nom d'Académie. L'antiquité profane ne nous a rien laissé de plus élevé et de plus profond que ses ouvrages, parmi lesquels on distingue la *République*, les *Lois* et le *Phédon*. Aristote, fondateur de l'école du Lycée[1], était né à Stagire, en Macédoine, et il fut, comme on l'a dit, précepteur d'Alexandre le Grand. Génie universel, il a embrassé dans ses écrits toutes les sciences : logique, rhétorique, histoire naturelle, poétique, politique, physique, métaphysique.

Parmi les hommes qui, en Grèce, cultivèrent avec succès les sciences, il faut citer Thalès de Milet, qui découvrit les équinoxes et les solstices; observa et prédit de bien près les éclipses;

Thucydide et Xénophon. — Quels sont les philosophes grecs les plus célèbres? — Nommez les hommes qui se

1. Le Lycée était une promenade d'Athènes où Aristote donnait ses leçons.

Anaximandre, qui inventa les cadrans solaires ; Pythagore, qui excella dans les sciences mathématiques ; Archytas, qui inventa la vis et la poulie ; Archimède, inventeur de la vis qui porte son nom ; enfin Hippocrate, surnommé le père de la médecine, parce qu'il fit de la médecine une science d'observation.

114. Beaux-arts : architecture ; sculpture ; peinture. — Les Grecs ont déployé dans l'architecture, la sculpture et la peinture ce sentiment du beau qui distingue particulièrement le génie de ce peuple. Les ruines de leurs temples, les statues, la plupart mutilées, qui subsistent encore, attestent la perfection à laquelle l'art fut porté en Grèce.

Les monuments d'architecture les plus célèbres étaient : dans l'île de Samos, le temple de Junon ; à Delphes, le temple d'Apollon ; à Éphèse, le temple de Diane ; en Élide, le temple de Jupiter ; à Athènes, les Propylées de l'acropole ou haute ville ; le Parthénon, consacré à Minerve ; le Panthéon, consacré à tous les dieux ; l'Odéon ou théâtre de musique.

Phidias, qui vivait au temps de Périclès, et dont il a été déjà parlé, est le plus illustre des sculpteurs grecs. Il exécuta à Athènes un grand nombre de chefs-d'œuvre, dont les plus célèbres étaient la statue de Minerve et celle de Jupiter Olympien, toutes deux d'une grandeur colossale

distinguèrent dans les sciences. — 114. Les beaux-arts furent-ils cultivés avec succès en Grèce ? — Quels étaient

en or et en ivoire. Parmi les autres sculpteurs renommés on doit citer Polyclète, Praxitèle et Lysippe, qui obtint, avec Apelle, l'honneur de représenter les traits d'Alexandre le Grand.

Le temps a détruit tous les monuments de la peinture grecque ; mais, d'après les témoignages des anciens écrivains, on ne peut douter qu'elle n'ait égalé l'architecture et la sculpture. Les peintres les plus célèbres furent Zeuxis, Parrhasius, Timanthe, et au-dessus de tous, Apelle, qui fut le seul, avec Lysippe, auquel Alexandre le Grand permit de le peindre.

les monuments les plus célèbres ? — Nommez les sculpteurs les plus illustres et les peintres les plus fameux.

www.ingramcontent.com/pod-product-compliance
Lightning Source LLC
Chambersburg PA
CBHW071952090426
42740CB00011B/1914